MONIKA HANNA

Der Schweizer Jakobsweg

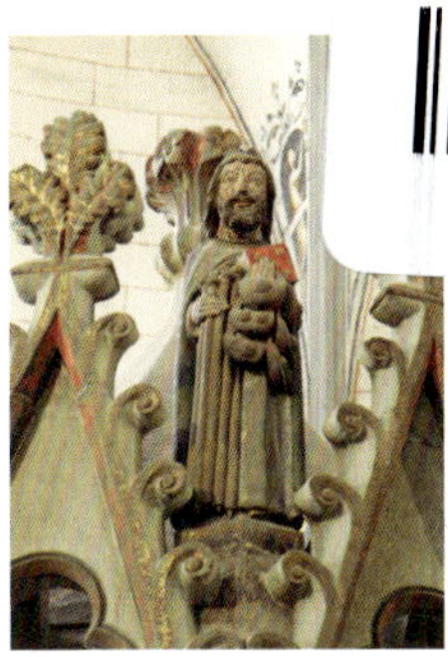

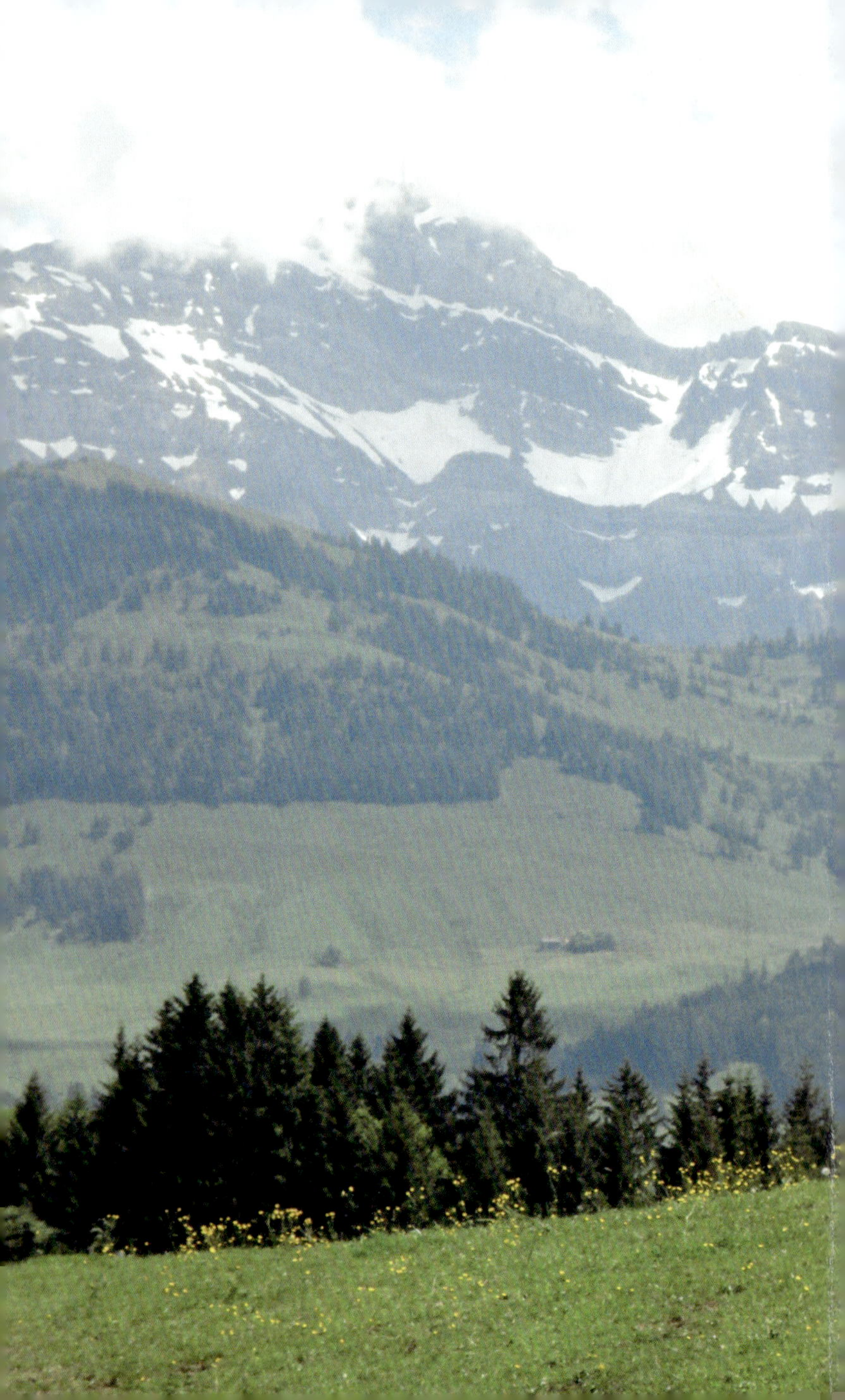

MONIKA HANNA

Der Schweizer Jakobsweg

vom Bodensee zum Vierwaldstättersee

Mit 112 Abbildungen
und 13 Übersichtskarten

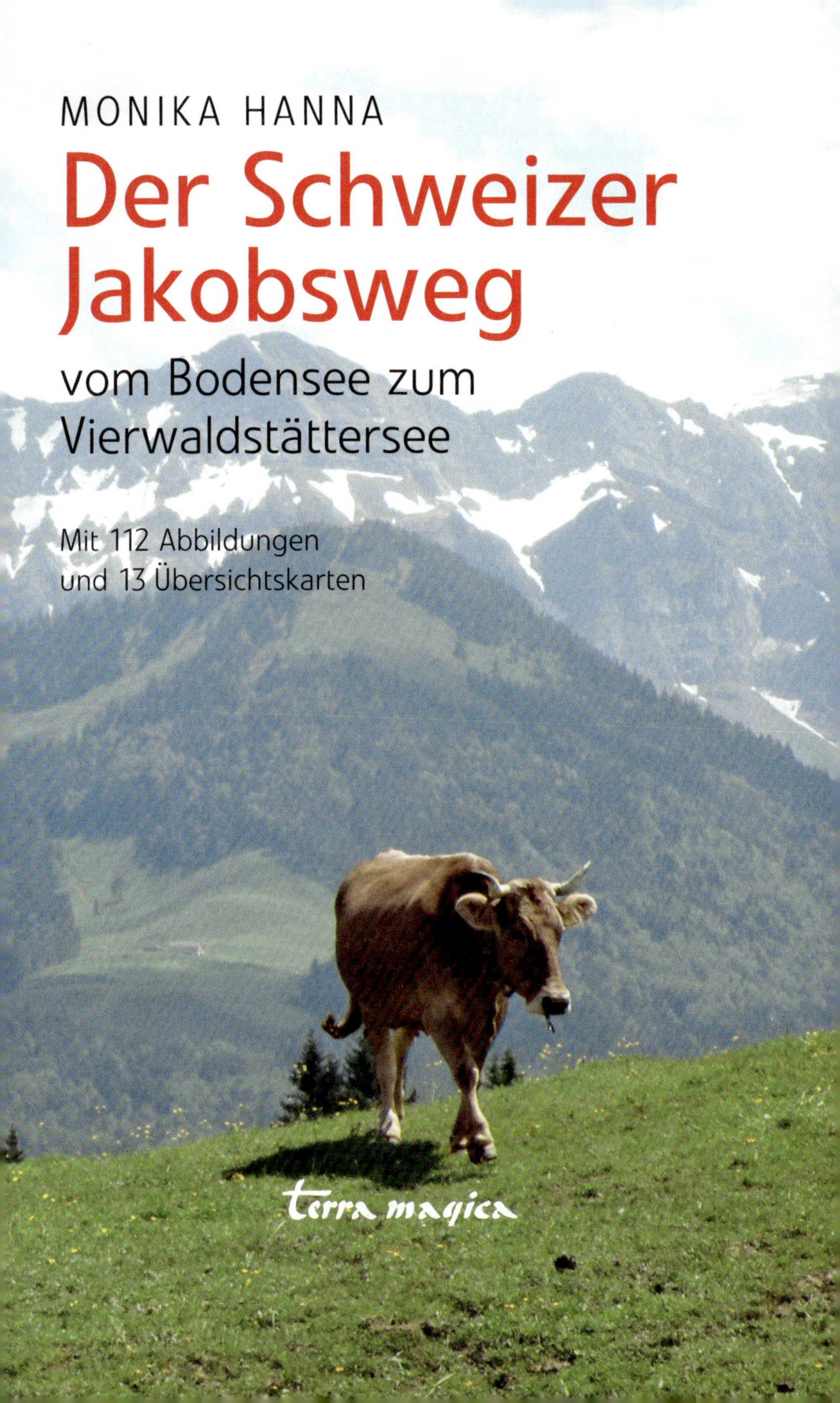

terra magica

Die in diesem Buch enthaltenen Informationen wurden nach bestem Wissen erstellt und mit größtmöglicher Sorgfalt von der Autorin und dem Verlag überprüft. Dennoch sind, wie wir im Sinne des Produkthaftungsrechtes betonen müssen, inhaltliche Fehler nicht mit letzter Gewissheit auszuschließen. Daher erfolgen die Angaben ohne jegliche Verpflichtung oder Garantie der Autorin und des Verlags, die keinerlei Haftung im Falle von Unstimmigkeiten übernehmen. Die Benutzung dieses Buches geschieht auf eigenes Risiko. Eine Haftung für etwaige Unfälle und Schäden jeglicher Art wird aus keinem Rechtsgrund übernommen.
Sollten Sie Abweichungen zwischen der beschriebenen Wegführung (Stand Sommer 2013) und den Markierungen feststellen, halten Sie sich bitte an die aktuellen Hinweise. In diesem Fall wären Autorin und Verlag für Änderungshinweise dankbar.
Der Verlag übernimmt keine Verantwortung für die Inhalte der in diesem Buch genannten Webseiten.
Die QR-Codes sind eine freiwillige Leistung der Autorin, die es Pilgern ermöglichen sollen, sich auch unterwegs aktuell über Unterkunftsmöglichkeiten oder Wegsituationen zu informieren. Ein rechtlicher Anspruch kann aber aus keinem Grund und zu keiner Zeit daraus abgeleitet werden.

Umschlag: Wolfgang Heinzel
Fotos und Karten: Reinhold Hanna
Gesetzt aus Minion und Evo
Satz und Layout: Frank Kreyssig – Mediengestaltung
Reproduktionen: Heartwork-Media, Germering
Druck und Binden: Polygraf Print, Presov, Slowakei
Printed in EU
ISBN 978-3-7243-1053-2

Terra magica ist seit 1948 eine international geschützte Handelsmarke des Belser Reich Verlags AG.

Auch als e-book
www.terramagica.de

MIX
Papier aus verantwortungsvollen Quellen
FSC® C084279
FSC www.fsc.org

INHALT

AUF ALTEN PILGERWEGEN NACH EINSIEDELN

VON EINSIEDELN AN DEN VIERWALDSTÄTTERSEE

VORWORT

Was kann es für einen Pilger Schöneres geben, als bei einem Blick aus dem Fenster am frühen Morgen zu beobachten, wie die ersten Strahlen der Sonne die Alpengipfel in ein zartes unwirkliches Rosa tauchen … oder von der Haggenegg aus den grandiosen Ausblick auf den Vierwaldstättersee und die umliegenden Berge zu bestaunen ... oder …
Ja, die Schweiz ist ein ideales Wanderland. Für Pilger, die sich auf dem Münchner Jakobsweg bereits mit dem »Virus Jakobsweg« infiziert haben und gerne weitergehen möchten, stellt die Schweiz die ideale Fortsetzung ihres Weges dar. Die Landschaft ist der des Allgäus zunächst ähnlich und die Pilger dürfen sich auf ein außergewöhnlich schönes Land freuen, das fast zu zwei Dritteln von Bergen bedeckt ist. Doch auch Pilger, die aus flacheren Regionen kommen und für die das Wandern in den Bergen ungewohnt ist, werden den Schweizer Jakobsweg genießen. Denn er hat den Vorteil, nicht über steile Alpenpfade zu führen, sondern mehr durch das Mittelland und Alpenvorland. Dennoch belohnt er mit grandiosen Aussichten auf viele der berühmten, schneebedeckten Bergriesen.

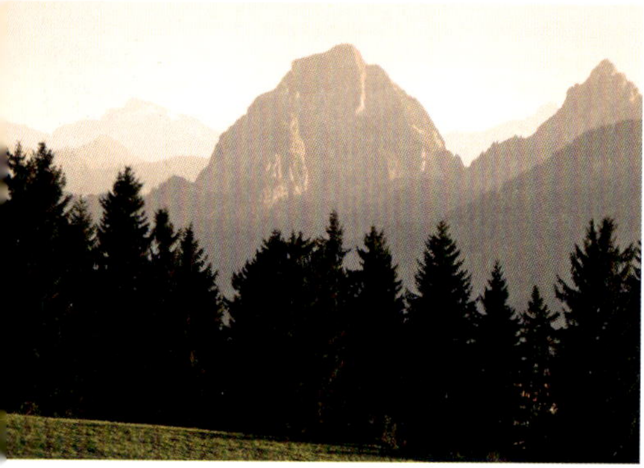

Blick auf die Mythen

Die markierten Jakobswege der Schweiz durchziehen das Land von Nordosten nach Südwesten, benutzen meist die Längsfurchen, die die Gletscher im Lauf der Zeit herausgeschliffen haben, folgen dem alten Gesetz der Völkerwanderung von Ost nach West, dem Lauf der Sonne. Vom Bodensee zum Genfersee sind sie als Via Jacobi Teil des europäischen Jakobsweges. Doch was bedeuten sie für die Pilger?
Für die Schweizer ist es ganz einfach: Obwohl jeder Weg, den ein Pilger nach Santiago begeht, ein Jakobsweg ist, ermöglichen es die ausgeschilderten Wege, leichter von »der eigenen Haustüre aus« auf-

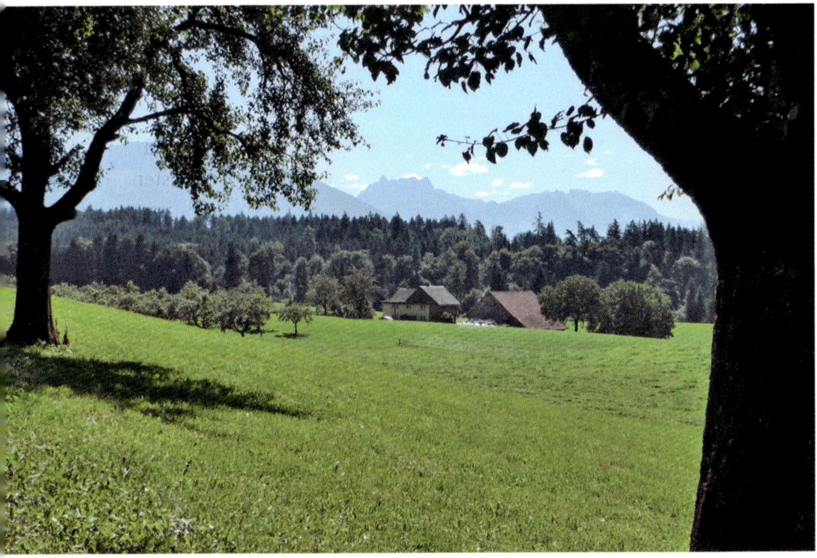

Blick in die Berge von St. Gallenkappel aus

zubrechen. Der Jakobsweg bleibt dadurch kein Weg im fernen Spanien, den man vielleicht nur ein einziges Mal im Leben geht. Auf dem Schweizer Jakobsweg kann man sich langsam an das Pilgern gewöhnen, hat Zeit, über das eigene Leben nachzudenken, bevor man in die viel stärker frequentierten Pilgerwege Frankreichs und Spaniens eintaucht. Ein weiterer Vorteil ist, dass man nach der Rückkehr aus Santiago immer wieder einmal ein Stück Jakobsweg gehen kann, um sich dabei in die Stimmung der Pilgerreise zurückzuversetzen, Gedanken und Gefühle von unterwegs wieder lebendig werden zu lassen und sich so im Alltag schneller entspannen zu können.

Für Pilger aus Deutschland, Österreich oder aus dem osteuropäischen Raum ist die Schweiz ein Durchgangsland, das sie mit den französischen und spanischen Pilgerwegen verbindet. Beim Übergang in die Schweiz – ganz gleich, ob mit dem Schiff über den Bodensee oder zu Fuß auf einem der alten Wege, hatten wir nicht das Gefühl, ein anderes Land zu betreten. Die Schweiz war uns natürlich bekannt, die Landschaft ist der unseren ähnlich, auch verständigen konnten wir uns gut. Von Anfang an erlebten wir die herzliche Gastfreundschaft der Schweizer und viel spontane Hilfsbereitschaft. Doch ganz allmäh-

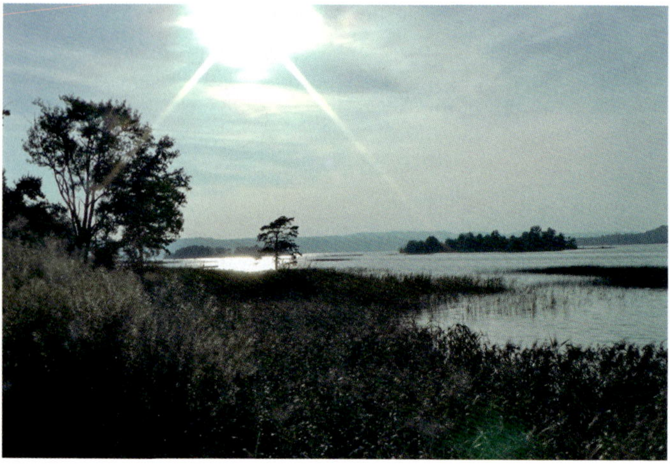

Am Zürichsee

lich spürten wir, dass uns dieses scheinbar so vertraute Land doch irgendwie fremd war. Bei den Gesprächen mit den Einheimischen, die man als Jakobspilger ja sucht, stießen wir auf Unterschiede, die wir als Touristen bisher nicht bemerkt hatten, und begannen, uns näher damit auseinanderzusetzen. Die Schweiz, ein Land im Herzen Europas und doch nicht Teil der Europäischen Union, hat eigene Wege versucht zu einer etwas anderen Demokratie, einer Volksdemokratie, und die Schweizer sind stolz darauf.

Auf unserem Pilgerweg nach Santiago de Compostela verspürten wir das Bedürfnis, unser Wissen über die durchwanderten Regionen zu erweitern. Wir bemühten uns, Land und Leute besser kennenzulernen, neugieriger und offener zu werden für die Menschen dort, um ihr »Anderssein« besser zu verstehen.

Inzwischen sind wir schon öfters durch die Schweiz gepilgert, haben auch Orte aufgesucht, die nicht direkt am Jakobsweg liegen, aber etwas mit der Geschichte und Kultur des Landes zu tun haben. Und auch der »Zufall« – oder Jakobus? – war uns bei unserer Erkundung behilflich: Schon bei unserer ersten Pilgerwanderung durch das Rhonetal, als uns in einem Dorf ein liebevoll hergerichtetes Holzhäuschen mit einem Minigärtchen ins Auge stach, in dem ein Pärchen auf einer runden

Steinbank die letzten Sonnenstrahlen genoss. Unser spontaner Ausruf »Ihr habt aber ein hübsches Häuschen« war für die beiden Anlass genug, uns nach dem Woher und Wohin zu fragen. Sofort luden sie uns zu sich ein und bei einer Flasche Wein plauderten wir bis in die späten Abendstunden hinein. Die Pilgernacht geriet etwas zu kurz, aber diese paar Stunden genügten, um aus der zufälligen Begegnung eine Herzensverbindung entstehen zu lassen. Seit damals schreiben wir uns und erzählen uns wie alte Freunde aus unseren unterschiedlichen Leben. Die innige Verbundenheit der ersten Begegnung blieb bestehen; und die beiden brachten uns auch die Schweizer Eidgenossenschaft ein wenig näher.

Auf den Jakobswegen durch die Schweiz stellten wir fest, dass die Wege meist recht gut beschildert sind, man kann also den Schildern der Via Jacobi vertrauensvoll folgen und sich dabei auf eigene Gedanken konzentrieren oder sich mit der Geschichte, Kultur und den Religionen des Landes beschäftigen. Deshalb werde ich die Wegbeschreibungen auf das Wesentliche beschränken und dafür versuchen, zusätzliche Geschichten und Informationen über das Land und seine Bewohner einzubinden. Das Buch soll ein wenig dazu beitragen, Land und Leute sowie ihre Geschichte besser zu verstehen. Vielleicht sind ja andere Pilger ähnlich wie wir daran interessiert, die schmale Linie des Jakobsweges, auf der wir uns alle nach Santiago bewegen, etwas zu vertiefen und zu verbreitern.

Allen Pilgern, die dieses interessante und faszinierende Land auf dem Jakobsweg durchqueren, wünsche ich den Schutz und die Begleitung des heiligen Jakobus und tiefe Begegnungen mit den Menschen, die sie auf ihrer Wanderung treffen. Mögen sie viele der kleinen »Jakobswunder« erleben, die diesen Weg auch heute noch zu einem ganz besonderen Erlebnis des Herzens machen. Buen Camino!

München, im Frühjahr 2014, *Monika Hanna*

WER WAR JAKOBUS?

Wie oft haben wir – unterwegs auf »seinem« Weg – mit Jakobus Zwiesprache gehalten, ihn ganz selbstverständlich um Rat, Schutz oder Hilfe gebeten, doch was wissen wir wirklich über ihn? Was steht in der Bibel, was berichten die Legenden? Der Sohn des Zebedäus und der Salome, Bruder des Johannes und Freund von Petrus und Andreas, war Fischer, bevor er Jesus nachfolgte. Im Markusevangelium heißt es dazu: »So bestellte er die Zwölf: den Simon, dem er den Beinamen Petrus gab, den Jakobus, des Zebedäus Sohn, und Johannes, des Jakobus Bruder, denen er den Beinamen gab Boanerges, das heißt Donnersöhne.« (Markus 3, 16-17)

Später gehörten Jakobus und sein Bruder Johannes zu den engsten Vertrauten von Jesus, die auch bei seiner Verklärung dabei waren. Die beiden befolgten streng die Lehren ihres Meisters, waren aber auch von heftigem Charakter. Wie sie zu dem Namen »Boanerges« kamen, kann man im Lukasevangelium nachlesen. Dort heißt es, dass, als Jesus mit seinen Jüngern in ein Samariterdorf kam, ihn die Bewohner dort nicht aufnehmen wollten. Jakobus und Johannes sagten daraufhin zu Jesus: »Herr, willst du, dass wir sagen, es solle Feuer vom Himmel fallen und sie verzehren?« Er aber verwies es ihnen.

Neben »Donnersohn« hatte Jakobus noch den Beinamen »Maior« (der Ältere), im Gegensatz zu Jakobus »Minor« (der Jüngere), der später berufen wurde.

Nach dem Tod von Jesus erfahren wir aus der Bibel nicht mehr viel von Jakobus. In der Apostelgeschichte fand ich nur eine Aussage (12, 1-2): »Zu jener Zeit legte der König Herodes Hand an, um in böser Absicht gegen Angehörige der Gemeinde vorzugehen. Er ließ Jakobus, den Bruder des Johannes, mit dem Schwerte hinrichten.« Das ist der kurze Hinweis auf die Enthauptung von Jakobus.

Umso mehr erzählen die unzähligen Legenden und Mythen, die sich um ihn ranken. Die wichtigsten davon sind den meisten Jakobspilgern geläufig. Im 13. Jahrhundert schrieb Jacobus de Voragine die »Legenda aurea«, die »Goldene Legende«, in der er das in einem Jahrtausend angesammelte Wissen christlicher Legenden zusammenfasste: Nach der Himmelfahrt von Jesus zogen die Apostel aus, um allen Völkern die Frohe Botschaft zu verkünden. Jakobus dem Älteren soll Spanien zur Missionierung zugefallen sein. Er predigte dort, doch er war nicht sehr erfolgreich und konnte nur neun Jünger gewinnen. Deshalb kehrte er nach Jerusalem zurück, wo es noch schlimmer war, er bekehrte nur einen einzigen Menschen.

Die Pharisäer verehrten zu dieser Zeit den Magier Hermogenes, der seinen Schüler Philetus zu Jakobus schickte, um ihm zu beweisen, dass seine Predigt falsch sei. Doch Jakobus konnte Philetus von der Richtigkeit seiner Lehre überzeugen. Hermogenes rief alle Teufel zusammen, aber Jakobus trieb sie zurück und gab dem Magier sogar seinen Pilgerstab, damit er sich künftig damit schütze. Hermogenes war beeindruckt, warf sich dem Apostel zu Füßen und verkündete von nun an das Wort Gottes.

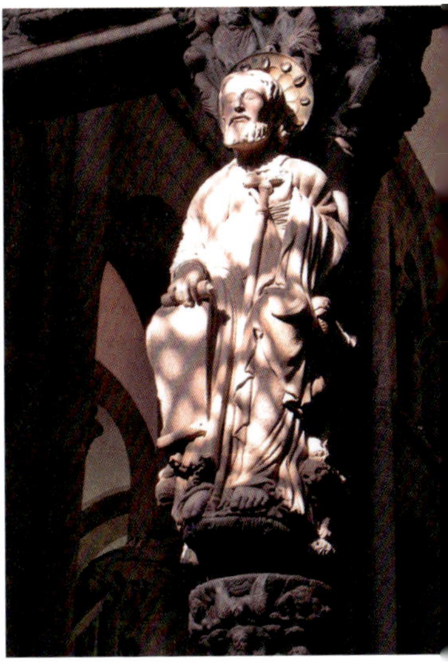

Hl. Jakobus, Portico de la Gloria, Santiago

Das war den Juden ein Dorn im Auge, sie ließen Jakobus einen Strick um den Hals werfen und zu König Herodes Agrippa schleppen, der seine Enthauptung befahl. Auf dem Weg zum Richtplatz heilte Jakobus einen Lahmen, ein Schriftgelehrter, der ihn begleiten musste, ließ sich daraufhin taufen und wurde deshalb mit ihm zusammen enthauptet.

Erst im Dunkel der Nacht wagten die Jünger des Jakobus, seinen Leichnam in ein Boot zu legen, ein Engel begleitete sie über das Meer. Das Boot landete an der Ulla-Mündung bei Padrón im Nordwesten Spaniens. Als sie den Leichnam am Ufer auf einen Stein legten, schloss sich dieser wie Wachs um ihn. Von diesem berühmten Stein schlugen sich die Wallfahrer des Mittelalters so lange kleine Stücke ab, bis er verschwunden war.

Eine weitere Legende erzählt, dass die sterblichen Überreste von Jakobus etwa im Jahr 44 in einem Marmorgrab nahe der galizischen Stadt Iria Flavia beigesetzt wurden. Das Grab sank in tiefe Vergessenheit – bis zum 9. Jahrhundert, als ein Einsiedlermönch namens

Pelagius eine Erscheinung hatte, er sah ein übernatürliches Licht und hörte Gesänge. Der Eremit berichtete dem Bischof Theodemir davon, der eine Untersuchung einleitete – und man entdeckte das Grab des Apostels. Wegen des Leuchtens wurde der Platz »campus stellae« (»Feld des Sternes«) genannt, später wurde daraus Compostela. König Alfons II. ließ über dem Grab eine erste kleine Kapelle bauen und Papst Leo III. verkündete die Nachricht der ganzen Christenheit. Die Geschichte der Stadt Santiago de Compostela setzte ein.
30 Jahre später kam es zu einem Konflikt mit den Mauren. Der Tribut von 100 Jungfrauen war nicht an den Kalifen von Córdoba abgeliefert worden und es kam zwischen den christlichen Fürsten und den Mauren in Clavijo zu einer Schlacht. Der Ausgang schien ungewiss, als plötzlich auf der Seite der Christen Jakobus erschien, furchterregend und mit dem Schwert in der Hand. Santiago Matamoros – Sankt Jakob der Maurentöter – schlug die Sarazenen in die Flucht. Soweit die »Legenda aurea«.
Viele weitere Legenden ranken sich um den heiligen Jakobus. Ob es sich in Santiago de Compostela wirklich um das Grab des Apostels handelt, ziehen viele Historiker und Kritiker aus der Kirche in Zweifel. Manche behaupten, man habe ein Grab für diesen Heiligen gesucht, um ein Pilgerziel und einen Pilgerweg in Nordspanien zu schaffen; um die Menschen aus anderen europäischen Ländern anzuziehen und sich Unterstützung aus dem Norden zu holen im Kampf gegen die Mauren – was auch gelungen ist. Vielleicht ist die Wahl deshalb auf Jakobus gefallen, weil der »Donnersohn« unter den Jüngern für die Verteidigung des Glaubens besonders gut geeignet erschien.
Wahrheit und Legenden sind teilweise schwer auseinanderzuhalten. Die Grundlagen für die große Jakobsverehrung waren weniger die Überlieferungen aus der Bibel als die der Legenden. Weil die Menschen sie glauben wollten. Weil sie nach Erlösung strebten und dafür ungeheure Mühen auf sich nahmen, unterwegs durch eine Art »Fegefeuer« gingen. Jeder für sich allein.
Was dem Apostel der Legende nach zu seinen Lebzeiten schwerfiel, nämlich Menschen zu missionieren, zur Umkehr und Lebensänderung zu bewegen, gelingt ihm nach seinem Tod mühelos und erfolgreich. Seit über 1000 Jahren pilgert ein nicht enden wollender

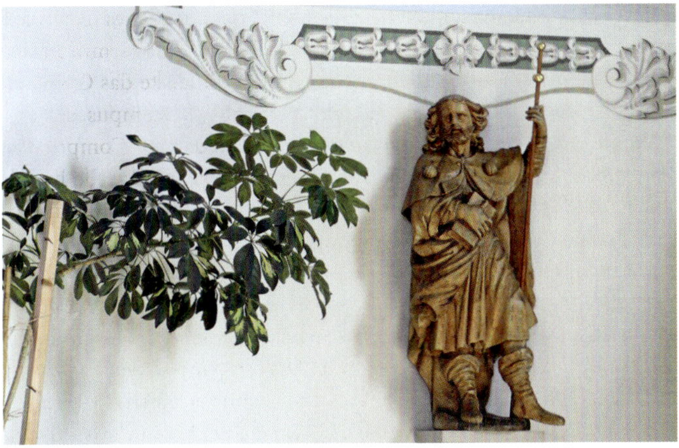

Jakobus in der Ursula-Kapelle, Rüeterswil

Menschenstrom zu seinem Grab. Wie die Menschen des Mittelalters brechen die Menschen von heute aus unterschiedlichsten Motiven nach Santiago auf. Was sie vereint, ist die gemeinsame Suche – nach vielleicht verschiedenen Dingen, doch die Suche nach Erkenntnis, nach dem eigenen Weg oder dem Sinn des Lebens ist fast immer dabei. Und es scheint, als ob Jakobus jeden Einzelnen an die Hand nimmt, begleitet und unmerklich an die Antworten auf seine individuellen Fragen heranführt. Mit uns selbst allein beginnen wir, Einstellungen zu überdenken und uns zu wandeln. In Santiago kommen die meisten als Pilger an, haben verstanden, dass Glück nicht nur von Besitz und Geld abhängt, sondern von vielen kleinen Dingen des Lebens und vom menschlichen Miteinander. Jeder Mensch, der sich auf den Weg macht, nimmt etwas für seinen eigenen Lebensweg mit und Jakobus müsste eigentlich stolz auf sich sein. Aber das ist sicher menschlich gedacht – oder sollte er auch im Himmel noch ein »Donnersohn« sein? Jedenfalls ist er doch noch ein guter »Menschenfischer« geworden, wie es ihm Jesus prophezeit hat. Ist es da wirklich so wichtig, ob sein menschlicher Leichnam in »seinem Grab« in Santiago liegt?

Seit es den Jakobsweg gibt, hat er die Menschen zusammengeführt. Die Völker Europas lernten sich auf ihm kennen und konnten ein Zusammengehörigkeitsgefühl, Toleranz und Verständnis füreinander

entwickeln. In den Städten am Jakobsweg blühten Handel und Gewerbe auf, ehemals abgelegene Gebiete wurden miteinander verbunden. Im Jahr 1987 wurden vom Europarat die gesamten historischen Jakobswege nach Santiago de Compostela zur ersten europäischen Kulturstraße erklärt. Man wollte damit das durch das Pilgerwesen entstandene Erbe schützen: ein historisches, literarisches, musikalisches und künstlerisches Erbe. Und die Pilger erfreuen sich an der Kunst und Kultur, die entlang des Pilgerwegs entstanden ist. In den letzten Jahren pilgerten jährlich etwa 200000 Menschen nach Santiago.
Aber was macht ihn so besonders, was unterscheidet den Jakobsweg von den großen Weitwanderwegen, die sich ja auch durch Europa ziehen, werden wir öfters gefragt. Ich meine, es sind die Menschen, die den Jakobsweg zu etwas Besonderem machen. Sie und die unterwegs entstehenden Pilgerfreundschaften sind es, die den Pilgerweg von einem Wanderweg unterscheiden und ihn zum einmaligen »Erlebnis des Herzens« machen, das sich tief in die Seele einbrennt und man nie wieder vergisst.

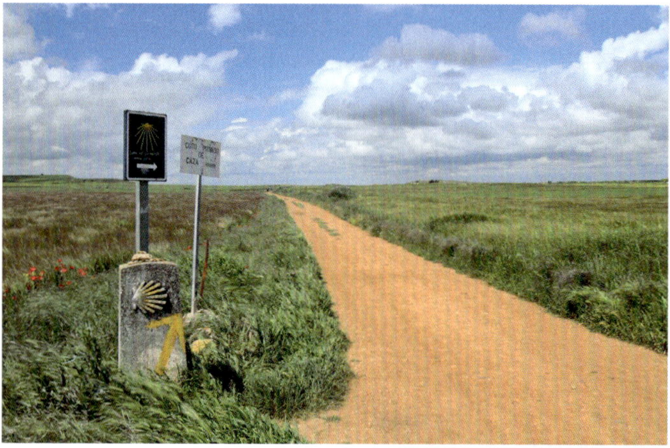

Unterwegs auf dem Jakobsweg in Spanien

SCHWEIZER MYTHEN UND GESCHICHTE

Wir wollen sein ein einzig Volk von Brüdern,
in keiner Not uns trennen und Gefahr.
Wir wollen frei sein, wie die Väter waren,
eher den Tod, als in der Knechtschaft leben.
Wir wollen trauen auf den höchsten Gott
und uns nicht fürchten vor der Macht der Menschen.

So poetisch drückte Friedrich Schiller in der Sage von »Wilhelm Tell« den Rütlischwur aus, den Gründungsmythos der Eidgenossenschaft. In der Kuppelhalle des Berner Bundeshauses befindet sich eine große steinerne Monumentalgruppe, »Die drei Eidgenossen«. Sie wurde 1914 aufgestellt und soll die Schweizer Politiker auf die Werte der eidgenössischen Gründerväter von 1291 verpflichten. Die drei Vertreter der Orte Uri, Schwyz und Unterwalden schworen auf der Rütliwiese am Vierwaldstättersee einen ewigen Bund gegen die ungerechte Herrschaft der Habsburger und ihrer Vögte, von denen sie sich unterdrückt fühlten.

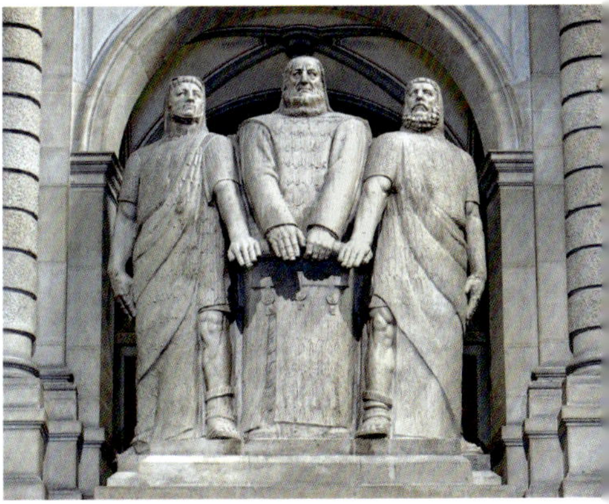
Die drei Eidgenossen, Bundeshaus Bern

Dass der Rütlischwur in dieser Form je stattgefunden hat, ist nicht erwiesen. In der Geschichtserzählung taucht er erstmals Ende des 15. Jahrhunderts auf, im 16. Jahrhundert kommt die Vorstellung dazu, der Bund sei schriftlich besiegelt worden. Aus dem gleichen Zeitraum gibt es jedoch über 80 Dokumente ähnlicher Art. Ende des 19. Jahrhunderts wurde eine auf Anfang August 1291 datierte Urkunde als »Bundesbrief« in den Rang eines Gründungsdokuments erhoben; seither werden die drei schwörenden Eidgenossen mit einer Urkunde in der Hand dargestellt. Das Jahr 1291 als Gründungsjahr der Eidgenossenschaft und den ersten

August als Nationalfeiertag festzulegen, geht auf eine Initiative der Berner zurück, als sie 1891 das 700-jährige Bestehen der Stadt feiern wollten. Was lag näher, als gleichzeitig die 600-Jahr-Feier der Eidgenossenschaft zu begehen?

Der Schwur der drei Eidgenossen gehört zu den Gründungsmythen der Schweiz. Die Idee der Gleichheit in der Verschiedenheit ist, ebenso wie die viel beschworene Vielfalt in der Einheit, ein immer wiederkehrendes Motiv in der politischen Ideologie des Landes. Drei Männer mit verschiedener Herkunft und Motivation sowie unterschiedlichen Alters haben ein gemeinsames Ziel. Sie stehen für eine Gemeinschaft, die es durch Zusammenarbeit schafft, ein Rechtssystem, das als ungerecht empfunden wird, durch einen beschworenen Vertrag zu ersetzen. Symbolisch steht die »Drei« für drei Völker, drei Generationen und drei Stände: Bauernstand, Bürgertum und Handwerkerstand.

Relativ sicher ist, dass die drei Waldstätte Uri, Schwyz und Unterwalden nach dem Tod des römisch-deutschen Königs Rudolf I. von Habsburg ein älteres Bündnis vertraglich erneuert haben. Dieses wurde wohl mythologisch verklärt und der »Gründung« der Alten Eidgenossenschaft zugrunde gelegt.

Der Mythos bedurfte noch einer Verstärkung in Form eines legendären Schweizer Freiheitskämpfers, der mit dem Rütlischwur in Verbindung gebracht wird: Wilhelm Tell. Seine Geschichte wird auf das Jahr 1307 datiert und spielt in der Zentralschweiz:

Der habsburgische Landvogt Gessler lässt einen Hut auf eine Stange stecken und befiehlt seinen schweizerischen Untertanen, diesen jedes Mal zu grüßen, wenn sie vorbeigehen. Doch der weithin bekannte Armbrustschütze Wilhelm Tell weigert sich, den Hut zu grüßen. Zur Strafe befiehlt ihm der Vogt, einen Apfel vom Kopf seines Sohnes zu schießen. Nur so könne er seine Freiheit zurückerlangen, ansonsten müsse sein Kind mit ihm sterben. Widerstrebend lässt sich Tell darauf ein: Er schießt – und trifft den Apfel. Aber er gibt zu, dass sein zweiter Pfeil für den Vogt bestimmt gewesen wäre, wenn er sein Kind getroffen hätte. Daraufhin will ihn dieser gefesselt auf seine Burg nach Küssnacht bringen lassen. Auf dem Vierwaldstättersee wird Tell von seinen Fesseln befreit, um das Boot im aufkommenden Sturm zu lenken. Geschickt steuert er es in Ufernähe und wagt einen verwegenen

Sprung auf eine hervorspringende Felsplatte, die heute noch Tellsplatte heißt. Er eilt nach Küssnacht, erwartet den Vogt in der »hohlen Gasse« und erschießt ihn mit seiner Armbrust. Damit wird er zum Tyrannenmörder.

Aber auch Wilhelm Tell erweist sich als nicht real. Ein Berner Pfarrer stellt im 18. Jahrhundert fest, dass die Sage vom Apfelschuss die Nachdichtung einer dänischen Sage aus dem 13. Jahrhundert ist. Warum also diese Mythen und warum gerade in der Schweiz, diesem überschaubaren Land inmitten Europas?

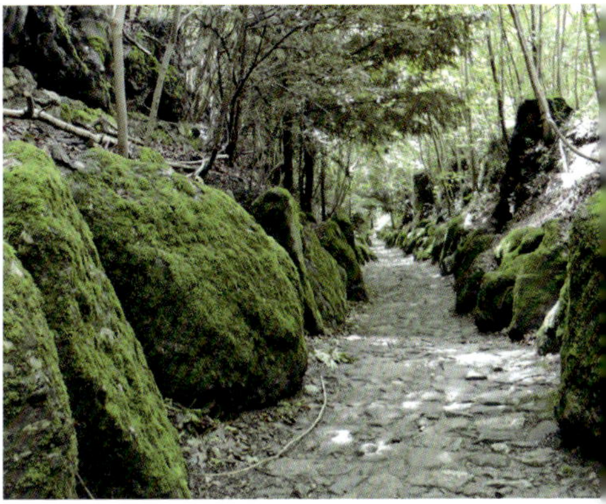
Hohle Gasse, Küssnacht

Vielleicht, weil ihren Bewohnern Mythen von Beginn an sehr vertraut waren? Der »Mythos Berg« als Sitz von Göttern und Dämonen hat seit Jahrtausenden die Menschen inspiriert und ihre Fantasie beflügelt. Und die Schweiz hat besonders viele hohe Berge – allein 48 Viertausender und über 1000 Dreitausender.

Oder weil die Schweiz von jeher ein Land der Kontraste und der Übergänge war? Von Nordosten nach Südwesten durchzieht mit Rhein- und Rhonetal eine große Längsfurche das Land. Aus den Tälern schrauben sich beängstigend steile Alpenpässe in unzähligen Serpentinen nach oben, überwinden über waghalsige Brückenkonstruktionen tiefe Schluchten, schlängeln sich an zerklüfteten Felsformationen, hohen Bergriesen und malerischen Bergseen vorbei, während tosende Wasserfälle eine furchteinflößende Geräuschkulisse liefern. Daneben prägen aber auch liebliche Voralpenlandschaften mit blühenden Wiesen und sanften Hügeln das Bild der Schweiz.

Vielleicht aber auch, weil dieses Land, dessen herrliche Landschaften uns heute so faszinieren, in früheren Jahrhunderten für viele Menschen ein hartes Leben mit großen Entbehrungen bedeutete. Die lebensfeindliche hochalpine Landschaft lud nicht gerade dazu ein, sich dort niederzulassen. Hatte man es dennoch irgendwie geschafft, erwies sich schon die Kommunikation mit den unmittelbaren Nachbarn als schwierig, oft stand deren Hof kilometerweit entfernt. Hinter jedem Pass lebten andere Menschen, andere Stämme mit anderen Gesetzen oder anderer Sprache. Nicht ein zusammenhängendes Land, sondern viele kleine Einheiten mit jeweils eigenen Traditionen und eigener Gesetzgebung prägten das Bild.

Das Gebiet der heutigen Schweiz ist schon seit der Altsteinzeit besiedelt. Der Name »Helvetier« taucht erstmals Anfang des 1. Jahrhunderts vor Christus auf. Zur Zeit Julius Cäsars lebten vor allem keltische Helvetier und Räter im Land, während der Völkerwanderung kamen die Alemannen dazu. Wie fast überall in Europa kolonisierten die Römer das Land, für ihre Handelsverbindungen brauchten sie Straßen und Pässe und waren die Ersten, die das Verkehrsnetz ausbauten. Weil man die strategisch wichtigen Alpenpässe nach Germanien sichern wollte, entstanden Simplon-, Septimer- und Julierpass.

Nach dem Abzug der Römer kamen im 5. Jahrhundert Burgunder in die leeren Gebiete. Im 6. Jahrhundert kam Helvetien unter die merowingischen, später unter die karolingischen Frankenkönige. Irische Mönche, wie Gallus oder Beatus, begannen mit der Christianisierung der Schweiz, zahlreiche Klostergründungen waren die Folge.

Im 9. Jahrhundert wurde das Frankenreich geteilt, die Westschweiz kam zum neuen Königreich Burgund, die Ostschweiz als Teil des Stammesherzogtums Schwaben zum Ostfrankenreich, dem späteren Heiligen Römischen Reich. Als 1032 auch Burgund ins Reich eingegliedert wurde, regierten dort inzwischen bereits einheimische Provinzfürsten nach eigenem Gutdünken. Die Grafen von Savoyen hatten über mehrere Generationen ihre Herrschaft erweitert, dazu kamen Rheinfelder, Kyburger, Zähringer – sie gründeten Bern und Freiburg – und die Habsburger mit ihrem Stammschloss im Aargau. Die Zähringer starben 1218 aus, ihre Erben waren die Habsburger. Rudolf von Habsburg errang 1273 die Königskrone. Als er 1291 starb, vermachte er das Reich inklusive der Waldstätte seinem Sohn. Der alte Vertrag, der nach seinem Tod erweitert wurde, um nach dem Willen des Adels die lokalen Zustände so zu erhalten, wie sie waren, wurde als Schutzbrief bezeichnet und die Geschichte um den »Gründungsakt« legendär »verfälscht«.

Die Landsleute der drei Waldstätte schlossen einen »ewigen Bund«, um sich im Falle einer Gefahr gegenseitig zu helfen. Zusammen mit der Tell-Legende ist dies eine Art Befreiungsmythos, mit dem eine 200-jährige Erfolgsgeschichte begann. Als die Habsburger die Waldstätte zur Ordnung rufen wollten, wurden sie attackiert und mussten 1315 am Morgarten herbe Verluste hinnehmen. Und auch in weiteren Schlachten, wie der von Sempach, waren die Habsburger unterlegen. Ein weiterer Mythos war geschaffen, den der Zürcher Reformator Huldrych Zwingli später so auslegte: »Mit der Schlacht am Morgarten beginnt die ununterbrochene Abfolge siegreich bestandener Kämpfe, in denen Gott die schützende Hand über die Eidgenossen, sein Erwähltes Volk, hielt.« Da hat Zwingli wohl die Bibel als Vorlage benutzt.

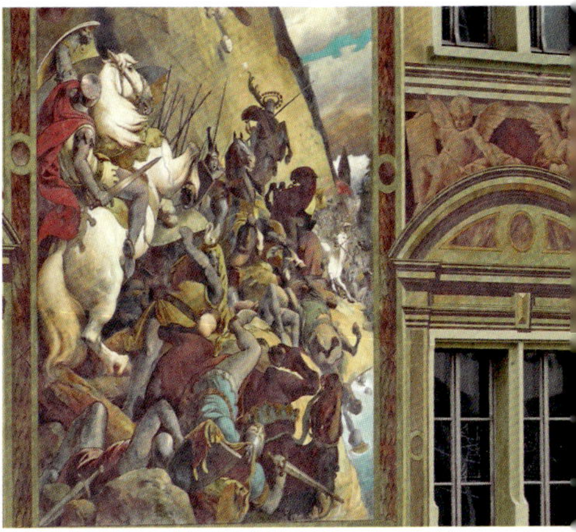

Schwyz, Rathaus: Schlacht am Morgarten

Der Chronist Johannes von Winterthur drückte es ähnlich aus: »Gott strafte den hochmütigen Tyrannen dadurch, dass er Bauern über Adelige triumphieren ließ.« In Krisenzeiten war dies ein hilfreicher Mythos, der bewirkte, dass man nach außen fest zusammenhielt. Wie gut das funktionierte, bestätigt die reale Geschichte: Bis zum 15. Jahrhundert erkämpfte man sich weitgehende Autonomie vom Heiligen Römischen Reich. Außerdem dehnte man sich durch Kriege oder Verträge nach allen Seiten aus.

Der Erfolg zog andere an: Im 14. Jahrhudert treten Luzern, Bern, Zürich, Glarus und Zug der Eidgenossenschaft bei. Es folgten Solothurn, Freiburg, Basel, Schaffhausen und Appenzell, bis zum Jahr 1513 zählte man 13 Orte. Bern hatte zudem fast das ganze Stammland der Habsburger im Aargau und von den Savoyern die Waadt sowie Teile Hochsavoyens am Südufer des Genfersees erobert. Man fühlte sich »bärenstark«, entwickelte Großmachtsträume.

Neben dem starken Mythos waren natürlich vor allem die hervorragend ausgebildeten Söldner am Erfolg beteiligt. Schon seit dem 13. Jahrhundert gab es sogenannte »Reisläufer«, also bezahlte Soldaten. Für Geld in den militärischen Dienst von Adelsfamilien zu treten, war für die männlichen Bewohner der Innerschweiz oft die einzige Alternative zu einem Leben in bitterer Armut auf dem Land. Der Ruf der Schweizer Söldner war bald legendär, wegen ihrer Wehrhaftigkeit waren sie in ganz Europa begehrt. Durch die kostspielige Anwerbung und Vermittlung von Söldnern wurden führende Familien reich und der Kriegsdienst zu einem wichtigen Bestandteil der Wirtschaft der Alten Eidgenossenschaft.

Doch bei allem Zusammenhalt nach außen war es mit der inneren Einigkeit nicht so gut bestellt, sie blieb brüchig. Die ländliche Bevölkerung fühlte sich von den Städtern überflügelt, hatte unterschiedliche Interessen. Wenn sie sich nicht gerade im Krieg mit anderen Ländern befanden, gab es Scharmützel zwischen den Orten. Dazu kam, dass sie ihre sehr gut ausgebildeten und brutalen Söldner überallhin verkauften und sich so mehr Rechte und Freiheiten verschafften.

Der lukrativste Markt für Reisläufer war Frankreich. Doch die Franzosen verstanden es, die eidgenössischen Söldner geschickt auszunutzen, um eigene Ansprüche zu realisieren. Als es den Eidgenossen gelungen war, Mailand einzunehmen, fühlten sie sich nicht nur militärisch, sondern auch politisch auf dem Höhepunkt ihrer Macht. Die Franzosen aber köderten einen Großteil der Schweizer Söldner mit Geld, damit diese nach Hause zogen, der Rest war der französischen Übermacht nicht gewachsen. In der Schlacht von Marignano 1515 mussten die Schweizer daher ihre Großmachthoffnungen begraben und erkennen, dass sie, nicht zuletzt wegen ihrer föderalistisch organisierten Gemeinschaft, nicht in der Lage waren, gegen Großmächte anzukommen. Sie kamen zur Überzeugung, dass es besser sei, anderen Ländern Söldner zu stellen, als selbst Krieg zu führen. Ein erster Ansatz von Neutralität? Um die Entscheidungsträger zu beeinflussen, wer Reisläufer bekam und wer nicht, flossen Unmengen von Pensionsgeldern in die Schweiz. Aber es kam nicht nur viel Geld ins Land, es entstand auch sozialer und wirtschaftlicher Schaden. Tausende Söldner kehrten zurück, verroht, brutal, als Krüppel. Der Reformator Zwingli war einer der Ersten,

der forderte, die Vermittlung von Söldnern einzustellen, weil sie letztendlich die Zerstörung der Eidgenossenschaft bewirken würde.
1506 wurden erstmals dem Vatikan Söldner zur Verfügung gestellt, die Schweizer Garde, die dem Papst als Leib- und Palastwache zu dienen hatte. Dies entwickelte sich zu einer Tradition, die bis heute anhält. Ansonsten ist es Schweizer Bürgern seit 1848 verboten, Militärdienste für einen fremden Staat zu leisten.
Neben der militärischen Entwicklung gab es in anderen Bereichen auch Fortschritte: In Basel wurde 1460 die erste Universität gegründet, die Stadt entwickelte sich zu einem Zentrum europäischer Gelehrsamkeit und Zürich wurde zu einer bedeutenden Handelsstadt.
Es folgte die Zeit der Reformation, die mit Zwingli und Calvin eine ganz eigene Prägung bekommen sollte. Huldrych Zwingli, 1506 zum Priester geweiht, war in Glarus als Pfarrer, in Einsiedeln und am Großmünster in Zürich als Leutpriester tätig. Nachdem er sich intensiv mit der Bibel beschäftigt hatte, schloss er sich der Bewegung Luthers an, wurde zu einem scharfen Kritiker der damaligen kirchlichen Zustände und begann, dagegen zu predigen. Während Luther nur die Missstände in der Kirche entfernen wollte, akzeptierte Zwingli allein das, was in der Bibel steht. Für ihn galt nur das Wort, durch das der Mensch zu Gott finden sollte, kein Kirchenschmuck, keine Glaubensbekenntnisse, nur Bibeltexte. Außerdem engagierte er sich gegen den Zölibat und die Eucharistie. Er wurde zum Führer der Reformation in Zürich. Klöster wurden abgeschafft, die Messe durch Predigten ersetzt. Bern, das Aargau, Basel, Schaffhausen, Teile des St. Galler- und des Appenzellerlandes wurden reformiert. In der Innerschweiz lehnte man dies als »Ketzerei« ab. Auch Solothurn und Freiburg blieben katholisch.
Es kam, wie es kommen musste: Religion und Gegenreformation führten zur Spaltung und zu Kriegen. Zwingli drängte den Rat von Zürich zum Zweiten Kappelerkrieg gegen die Waldstätte, um die Reformation auch in der Innerschweiz durchzusetzen. Doch die Zürcher unterlagen, Zwingli geriet in die Hände der Gegner. Er wurde getötet, sein Leichnam gevierteilt, verbrannt und die Asche in den Wind gestreut. Sein Nachfolger wurde Heinrich Bullinger, der den reformierten Glauben konsolidierte und als eigentlicher Begründer der reformierten Kirche gilt. Mit ihm arbeitete Johannes Calvin zusammen, der mit seiner

besonders strengen Auslegung der Bibel den Calvinismus begründete. Sein Vater verwaltete das Kirchengut des Domkapitels von Noyon in Nordfrankreich, wo er geboren wurde. Während seines Studiums in Paris kam Calvin mit den Lehren Martin Luthers in Berührung. Er bekehrte sich zum Protestantismus und musste deshalb Frankreich 1535 verlassen. Seine Hauptwirkungsstätte wurde Genf. Im Zuge der Glaubenskriege wurden zahlreiche hugenottische Flüchtlinge, die in Frankreich verfolgt wurden, in den reformierten Orten der Schweiz aufgenommen. Sie brachten auch das Uhrenhandwerk mit.

In den Dreißigjährigen Krieg wurde nur Graubünden hineingezogen, die übrige Eidgenossenschaft war erstmals mit »Nichteinmischung« recht erfolgreich. In wirtschaftlicher Hinsicht profitierten die Schweizer sogar davon – da ihr Land nicht verwüstet war, konnten die Bauern unbehindert säen und ernten und ihre Erzeugnisse günstig absetzen. Allerdings war die innere Einheit nach wie vor zerrissen. Zudem war man durch Reformation und Gegenreformation auch noch konfessionell gespalten, gemeinsame Beschlüsse von reformierten und katholischen Orten waren praktisch unmöglich geworden. Auch mit den Mythen tat man sich schwer, sie wurden oft dem katholischen Lager zugerechnet. Nach dem Ende des Dreißigjährigen Krieges konnten die Eidgenossen im Westfälischen Frieden erreichen, dass sie nicht mehr unmittelbar dem Reich unterstellt waren, und verstanden das als Anerkennung ihrer Souveränität.

Als im 18. Jahrhundert in Europa der Absolutismus herrschte, war die Schweiz, ähnlich wie viele Staaten Europas, ein innerlich erstarrtes politisches System. Zur Zeit der Aufklärung war das Land politisch nach wie vor konservativ, von einer kleinen Schicht kontrolliert; ein Geflecht souveräner Kleinstaaten, in einem losen Staatenbund zusammengeschlossen.

In Genf wurde 1712 Rousseau geboren. Neben seiner Verherrlichung der Natürlichkeit, Einfachheit und Unverdorbenheit der Eidgenossenschaft leistete er mit der von ihm entwickelten Staatstheorie einen wichtigen Beitrag zur späteren Entstehung der direkten Demokratie. Obwohl uns eine Aussage von ihm auch heute noch zu denken geben kann: »Wenn es ein Volk von Göttern gäbe, würde es sich demokratisch regieren. Eine so vollkommene Regierungsform eignet sich nicht für den Menschen.« Er fand die Demokratie wohl eher für kleine überschaubare Gesellschaften mit festen Traditionen geeignet.

1798 griffen die Franzosen die Alte Eidgenossenschaft an. Sie zwangen ihr eine von außen diktierte »Helvetische Republik« auf, statt 13 Orten gab es nun 23 Kantone, als reine Verwaltungseinheiten gedacht. Das funktionierte zunächst nicht. Es kam zu mehreren Staatsstreichen und die Verfassung musste mehrmals geändert werden. Erst der Wiener Kongress 1815 teilte die Kantone neu ein, die bis heute bestehenden Grenzen wurden anerkannt und die »immerwährende bewaffnete Neutralität« der Eidgenossenschaft wurde von den Großmächten bekräftigt. Der letzte bewaffnete Konflikt auf dem Gebiet der Schweiz war der Sonderbundskrieg im Jahr 1848.

Danach war der Weg frei, aus dem losen Staatenbund einen Bundesstaat mit stark föderalistischem Charakter zu formen, vom amerikanischen Vorbild geprägt, mit Deutsch, Französisch und Italienisch als Nationalsprachen. Die Wahl der Bundeshauptstadt gewann Bern. Die Bundesverfassung wurde noch 1848 in Kraft gesetzt. Die neue Zeit konnte kommen – und sie kam. Die Schweiz erlebte einen Aufschwung auf fast allen Gebieten: Die Industrialisierung entwickelte sich, Kunst, Dichtung und Wissenschaften blühten auf, statt der früheren Militäreliten wurde die Schweiz zunehmend für ihre humanitäre Ausrichtung bekannt. Ab dem Ende des 19. Jahrhunderts strömten Touristen ins Land, Kurorte entstanden, die Popularität des Alpinismus stieg, die Eisenbahnnetze wurden ausgebaut und um dies voranzutreiben, waren kapitalkräftige Banken vonnöten.

Als der Erste Weltkrieg ausbrach, verwies die Schweiz auf ihre Neutralität, die Mobilmachung erfolgte nur zur Sicherung der Grenzen. Während des Krieges soll die Schweiz eine Insel des Friedens und ein Hort für Flüchtlinge gewesen sein. Die Zeit der ökonomischen Erholung nach dem Krieg beendete die Weltwirtschaftskrise, sie traf die Schweiz ab 1931. Doch auch wenn einige Großbanken Konkurs anmelden mussten, verlief sie ansonsten relativ gemäßigt. Mitten in der Krise entstand 1934 das neue Bankengesetz mit dem berühmten Artikel 47, der das Bankgeheimnis regelt.

Den Zweiten Weltkrieg überstand das Land materiell unbeschadet, nicht zuletzt dank einer schlauen Neutralitätspolitik. Skeptiker meinen allerdings, sie sei »zu schlau« gewesen, weil sie beispielsweise in der Wirtschafts- oder Flüchtlingspolitik einer Anpassung ans Reich ziemlich nahekam. Auch die Debatte um das sogenannte »Judengold« bewegt noch heute die Gemüter. Aber natürlich gab es auch in der Schweiz viele Menschen, die zur Rettung von Juden beigetragen haben.

Wir Deutschen wissen aus eigener Erfahrung, wie schwer es ist, sich der brutalen Realität zu stellen. Aber nur dann, wenn wir in der Lage und bereit sind, uns auch mit unrühmlichen Geschehnissen, Fehlern und Schuld kritisch auseinanderzusetzen, können wir aus der Vergangenheit lernen, richtige Schlüsse daraus ziehen, Erkenntnisse und Reife dazugewinnen.

In der Nachkriegszeit erfolgte der Ausbau zu einer Wirtschaftsgroßmacht. Die Schweiz entwickelte sich zunehmend zu einer Dienstleistungs- und Freizeitgesellschaft. Und auch bezüglich Europa ging die Schweiz andere Wege. Ihr Beitritt zur UNO erfolgte 2002 per Volksabstimmung, in die EU ist sie nicht eingetreten. Aber erste Annäherungen sind vielleicht zu erkennen.

Die Schweizer mussten im Laufe ihrer Geschichte lernen, zugunsten der Gemeinschaft Kompromisse auszuhandeln, in ihrer multikulturellen Gesellschaft ist dies heute mehr denn je erforderlich. Das föderalistische System, von unten nach oben organisiert, sichert den Gemeinden eine beträchtliche Autonomie. Ein Schweizer ist zuerst Bürger einer Gemeinde, dann Kantonsbürger und schließlich Schweizer, vor allem, um sich nach außen abzugrenzen. Das Volk hat durch Referenden direkten Einfluss auf die Verfassung und Gesetzgebung. Neben sicherlich vielen Vorteilen kann das auch bremsend wirken und viel Zeit kosten, um nötige Entscheidungen herbeizuführen. Das Frauenwahlrecht wurde z. B. in der Schweiz allgemein erst 1971 eingeführt, in Appenzell gar erst 1991.

Ob es wohl irgendwann gelingen wird, die Vor- und Nachteile der unterschiedlichen Demokratieformen in Europa auf ihren Nutzen für die Menschen hin zu untersuchen und statt der Unterschiede die Gemeinsamkeiten herauszuarbeiten? Vielleicht gelänge es ja dann, durch geschickte Auswahl und entsprechende Annäherung zu einer besser ausgereiften und für alle Europäer akzeptablen Form der

Demokratie zu finden? Bedarf es dafür wirklich erst wieder eines neuen Mythos? Wäre es nicht vielmehr an der Zeit, dass wir Europäer uns als reif genug erweisen, anerkannte Werte für das Zusammenleben aus innerer Überzeugung heraus anzunehmen – für ein humaneres Leben in Frieden und Eintracht? Könnte das eine lohnenswerte Herausforderung für die Zukunft sein?

Die Schweiz hat in ihrer langen Erfolgsgeschichte oft auf Mythen gebaut, die ja in der Vermittlung und Vergewisserung von Werten wichtige Funktionen hatten und haben. Vor allem in Zeiten der Not sind sie hilfreich und nicht so sehr vom Zeitgeist abhängig.

Pilger fühlen sich dabei an den Mythos Jakobsweg erinnert: Bei der Geschichte vom Grab des Apostels Jakobus in Santiago handelt es sich vermutlich um eine Legende, dennoch hat sie eine starke Bewegung ausgelöst und ein Bewusstsein, das nun schon seit über 1000 Jahren anhält und die Menschen Europas in ihren Bann zieht. Aus unterschiedlichsten Motiven brechen sie auf eine Pilgerreise auf, mit all ihren Träumen und Hoffnungen und einem gemeinsamen Ziel. Viele von ihnen kommen verändert zurück, mit allen Folgen, die das haben kann.

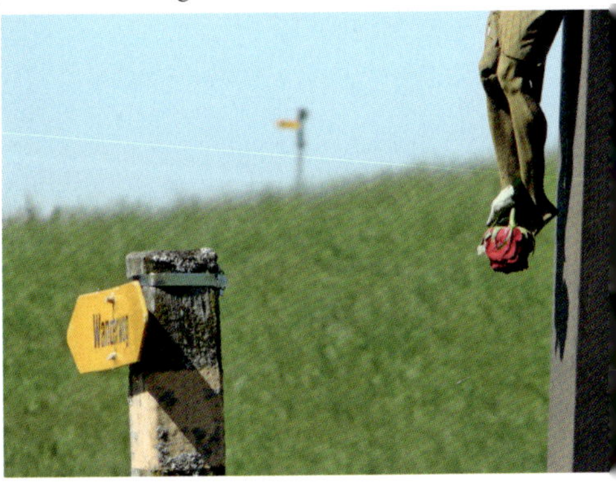

Symbole am Weg

Auf ihrem langen Weg nach Santiago haben Pilger viel Zeit, über sich und ihr Leben nachzudenken, aber auch über den Mythos, der mit dem Jakobsweg verbunden ist. Und sie lernen, den Mythos als solchen zu erkennen, ihn von der Realität zu unterscheiden und dennoch Kraft für sich daraus zu gewinnen. Denn wenn Mythos und Realität zu weit auseinanderklaffen oder Realität mythisch verklärt wird, läuft man Gefahr, durch zu viel Verdrängung das innere Gleichgewicht zu verlieren und Schaden an der Seele zu nehmen. Das dürfte für den Jakobusmythos ebenso gelten wie für die eidgenössischen Mythen.

IM LAND DER ÜBERGÄNGE

Die Schweiz ist in vielerlei Hinsicht ein Land der Übergänge. Schon die geografischen Gegebenheiten sprechen dafür. Aus der Luft betrachtet nehmen wir im Wesentlichen drei Landschaftsformen wahr: Alpen, Mittelland und Jura. Viele Pässe und alte Saumpfade durchziehen das Land: von Nord nach Süd – wie Gotthard-, Simplon- oder San-Bernardino-Pass – oder von Ost nach West in Richtung Frankreich, was für Pilger interessant ist – wie der Oberalp- und Furkapass in den Alpen oder die Straßen und Wege, die sich vom Bodensee aus durch das Mittelland zum Genfersee ziehen. Und auch für die Alpen ist die Schweiz ein Durchgangsland, sie setzen sich sowohl nach Osten wie auch nach Westen fort. Als Übergang zwischen zwei Tälern stellen die Alpenpässe die Verbindung zu den Nachbargebieten her. Auch auf die Sprachen lässt sich dies übertragen. Während es früher viele Überschneidungen von romanischen und germanischen Siedlungsräumen gab, ein Nebeneinander der Kulturen also, haben sich ganz allmählich Sprachgrenzen herausgebildet. Heute erfolgt vielfach der Übergang in eine andere Sprachgemeinschaft beim Wechsel der Landschaftsform. Neben den Landessprachen Deutsch (65,6 %),

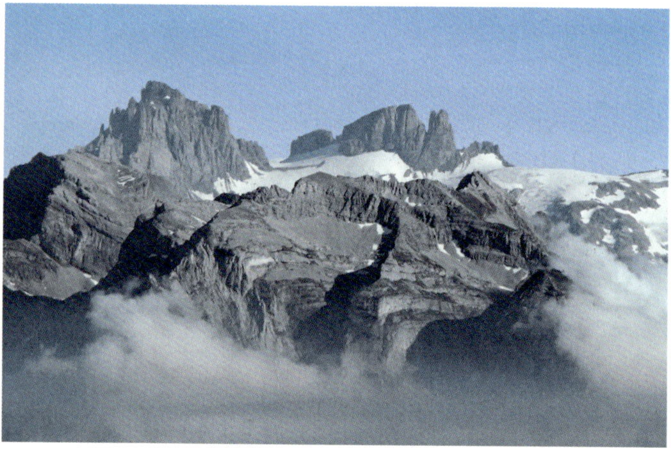

Blick vom Pilatus

Französisch (22,8 %) und Italienisch (8,4 %) wird in fünf Sprachgruppen rätoromanisch gesprochen, auch Deutsch ist mit mehreren Dialekten vertreten. Natürlich spricht man noch viel mehr Sprachen. Englisch ist inzwischen allgegenwärtig, jeder Fünfte ist Ausländer (in Genf beträgt der Ausländeranteil sogar fast 50 %), die Zugezogenen kommen aus etwa 190 Nationen. Die Schweiz ist ein multikultureller Staat und für viele gehört das Nichtverstehen der Sprache des Nachbarn zum Alltag.

Klimatisch handelt es sich ebenfalls um ein Übergangsgebiet. Die westliche Schweiz wird vom Atlantik her beeinflusst, in der Ostschweiz herrscht eher kontinentales Klima, die Südschweiz steht unter mediterranem Einfluss.

Ähnlich verhält es sich mit der Kultur und den politischen wie religiösen Gegebenheiten in der von einer bunten Vielfalt von Menschen bevölkerten Schweiz. Menschen prägen Landschaften, so wie Landschaften und Klima Menschen prägen. Bergbauern im rauen Gebirge wie beispielsweise die Walser, die sich vor Jahrhunderten als Erste in größeren Höhen ansiedelten, sind in der Regel bedächtiger und direkter als Weinbauern am Genfersee oder Menschen, die im mediterranen Klima des Tessins leben. Vielleicht ist es schon deshalb nicht verwunderlich, dass jeder der 26 Kantone eine eigene Verfassung hat und eigene Behörden für Gesetzgebung und Rechtsprechung. Die Schweizer nennen sich selbst eine »Willensnation«, vielleicht weil ihr natürliche geografische Grenzen oder eine einheitliche Sprache als Voraussetzung für die Bildung einer Nation fehlten.

Pilger, die durch die Schweiz wandern wollen, haben die Qual der Wahl: Viele Wege führen ins Land der Übergänge. Bei unserer ersten Pilgerwanderung von München nach Santiago benutzten wir einen alten, für uns besonders reizvollen Bergpass: das »Schweizer Tor«. Es führt in der Nähe des höchsten Berges des Rätikon, der Schesaplana, zwischen zwei berühmten Kletterwänden von Vorarlberg in die Schweiz – den linken Torpfeiler bildet die Drusenfluh, den rechten die Kirchlispitzen. Nach dem Abstieg querten wir das Alpenrheintal, durchwanderten das Oberrheintal zum Oberalp- und Furkapass und das Rhonetal bis zum Genfersee. Diese Tour kann man wegen ihrer Höhe allerdings nur in den Sommermonaten machen.

In diesem Buch beschränke ich mich deshalb auf Übergänge, die man über viele Monate im Jahr nutzen kann. Alle drei spiegeln auch etwas von der Schweizer Geschichte wider:
Der St. Gallerweg von Rorschach aus wird seit Jahrhunderten begangen und erinnert an das Kloster St. Gallen. Als Fürstabtei gegründet war es während des Frühmittelalters eines der bedeutendsten Zentren der abendländischen Kultur. Die berühmte Stiftsbibliothek ist bereits seit 820 nachgewiesen. Rorschach wird seit dem 11. Jahrhundert als Pilgerstation benannt, neben den Pilgern aus der Schweiz, die hier aufbrachen, kamen sie vorwiegend aus Deutschland und Osteuropa. Heute verbindet der St. Gallerweg auch den Münchner Jakobsweg mit den Jakobswegen in der Schweiz. Von Lindau aus mit dem Schiff oder von Bregenz aus zu Fuß oder mit dem Schiff gelangt man zum Ausgangspunkt des Pilgerwegs in Rorschach.
Der Schwabenweg erinnert an das alte Herzogtum Schwaben, bis ins 11. Jahrhundert auch als Herzogtum Alemannien bezeichnet. Es umfasste ein viel größeres Gebiet als das heutige »Schwaben«, grenzte im Westen an die Vogesen, reichte im Osten bis hinauf zum Ammersee und im Süden bis zur Grenze der Lombardei und zum Gotthardpass. Auch der Schwabenweg wird schon seit dem 12. Jahrhundert

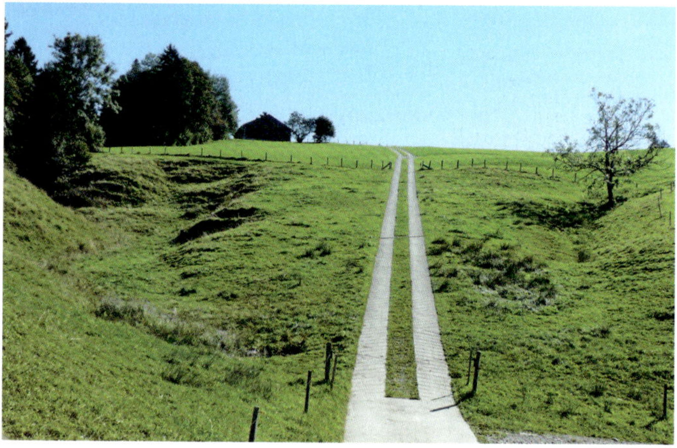

Übergang Laadpass

begangen, im Mittelalter vorwiegend von Pilgern aus Schwaben, die von hier aus nach Einsiedeln wanderten, zum berühmten Marienwallfahrtsort und Sammelpunkt der Jakobspilger.

Auch die dritte Möglichkeit – der alte Vorarlberger Wallfahrtsweg von Bregenz nach Einsiedeln – hat geschichtlichen Bezug. Er erinnert uns an die vielen Kämpfe, die im Mittelalter in der Schweiz ausgefochten wurden, um sich aus der Herrschaft der Habsburger zu befreien. Von Österreich kommend führt er über Appenzell und trifft in St. Peterzell auf den St. Gallerweg nach Einsiedeln.

Je nach Wohnort, Neigung und Interesse können sich Pilger also entscheiden, welche Route nach Einsiedeln ihnen am angenehmsten erscheint. Spannend sind alle! Wichtig scheint mir vor allem das Glück der Annäherung, das sich beim langsamen Durchqueren einer Landschaft offenbart, das Kennenlernen der Menschen, ihrer Denkweise, Traditionen und nicht zuletzt ihrer Kultur. Das Ziel im fernen Spanien ist wichtig, doch in jeder Region dieses Durchgangslandes stellen wir fest, dass sie aus eigenem Dasein heraus zu fesseln vermag, unser Wissen bereichert und das Glück des Lebens im Hier und Jetzt schenken kann.

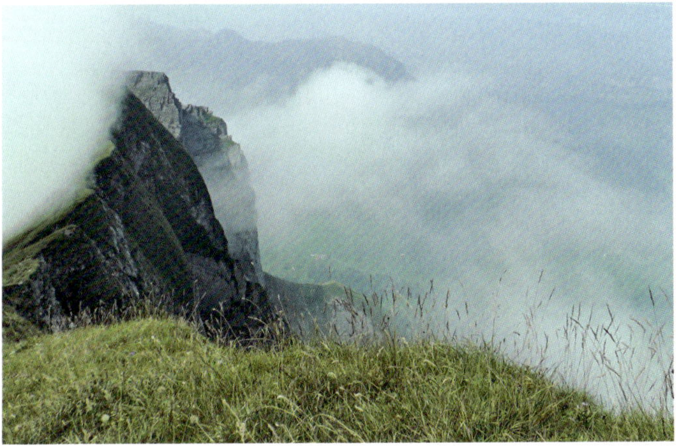

Wetterzauber am Pilatus

PRAKTISCHE HINWEISE

Markierung

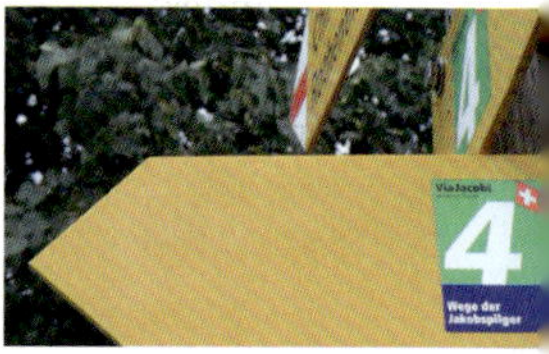

Die drei in diesem Buch vorgestellten Pilgerwege sind zum Teil unterschiedlich markiert. Der St. Gallerweg ist durchgehend mit den Schildern der Via Jacobi – eine weiße Vier auf grünem Grund – gekennzeichnet.

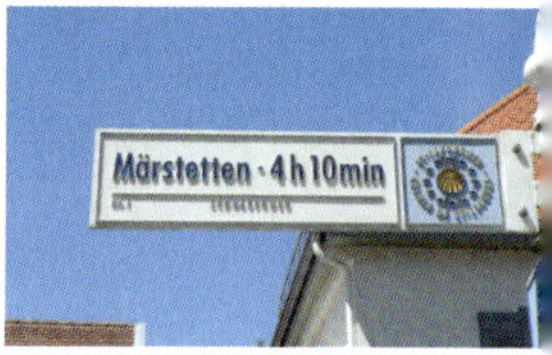

Der Schwabenweg mit seinen weiß-blauen Schildern auf hohen weißen Pfosten ist fast nicht zu übersehen. Ab dem Hörnli ist der Schwabenweg mit den Schildern der Via Jacobi markiert.

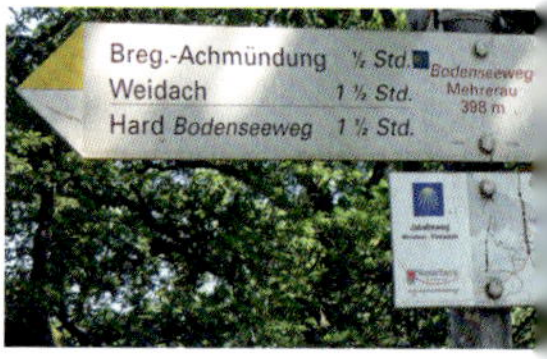

Der alte Vorarlberger Wallfahrtsweg ist von Bregenz aus weiß-gelb markiert, mit einer kleinen blauen Jakobsmuschel und ab und zu mit dem Text »München – Einsiedeln« versehen.

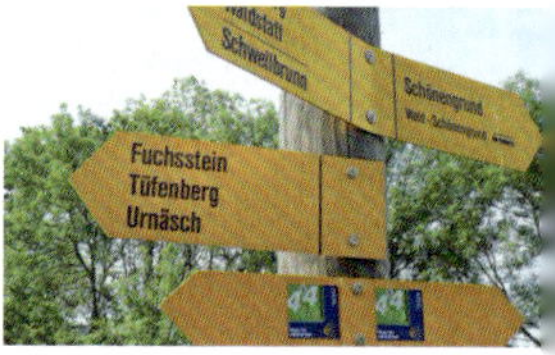

Die Schilder des Appenzellerwegs sehen aus wie die der Via Jacobi, tragen aber eine doppelte Vier, also 44. Auf allen Wegen sind die Markierungen des Jakobswegs teilweise ergänzt durch kleine blaue Muschel-Klebeschilder, gelbe Wanderwegtafeln mit oder ohne Ortsnamen oder gelbe Rauten mit der Inschrift »Wanderwege«.

Etappen

Die angegebenen Etappen stellen nur einen Vorschlag von mehreren Möglichkeiten dar. Kilometerangabe, Karte und Höhenprofil sowie die Orte mit Übernachtungsmöglichkeiten auf der

Strecke sind jeweils am Ende der entsprechenden Wegbeschreibung angegeben. Bitte teilen Sie Ihre individuellen Wanderetappen nach Ihren eigenen Kräften ein. Ungefährer Richtwert: Bei einem normalen Wanderer kann man je nach Wegbeschaffenheit und Wetter von etwa 20 bis 25 Kilometern am Tag ausgehen, in den ersten Tagen eher weniger.

Ausrüstung

Bitte das Rucksackgewicht so gering wie möglich halten. Es sollte nicht viel mehr als zehn Prozent des Körpergewichts betragen. Da der Jakobsweg in der Schweiz nicht über steile Alpenpfade führt, sondern mehr durch das Mittelland und Alpenvorland, ist eine alpine Ausrüstung fürs Hochgebirge nicht erforderlich. Wohl aber sind gute Wanderschuhe und entsprechende Bekleidung für »alle Wetterlagen« anzuraten. Auch haben sich Wanderstöcke zur Entlastung der Knie und zur Abwehr von Hunden bei den Pilgern bewährt.

Übernachtungen

Da sich Übernachtungsmöglichkeiten häufig ändern, sind die Angaben hierzu in einer Liste im Internet gespeichert. Über die bei den einzelnen Etappen angegebenen QR-Codes können Sie jeweils aktuell – auch vor Ort – auf die entsprechende Internetseite zugreifen oder diese bereits vor dem Aufbruch ausdrucken.

Für Übernachtungen in Klöstern oder Herbergen ist in der Regel ein Pilgerpass erforderlich. Dieser ist bei den Jakobusgesellschaften gegen Entgelt erhältlich. Es ist empfehlenswert, sich in den Klöstern vorher anzumelden.

Da in manchen Orten die Ruhetage der Gasthäuser nicht aufeinander abgestimmt sind (z. B. ist der Montag ein beliebter Ruhetag), kann es passieren, dass die Etappe länger wird als geplant. Wer dies vermeiden möchte, sollte sich am Tag vorher telefonisch im vorgesehenen Quartier erkundigen.

Aktuelles im Internet

Über www.hanna-jakobsweg.de und die in den einzelnen Kapiteln eingefügten QR-Codes können Sie auf folgende Informationen zugreifen:

- aktuelle Weginformationen, z. B. Neuerungen/Veränderungen am Weg, Wegbeschaffenheit, Höhenprofile etc.;
- wichtige aktuelle Informationen, die uns Pilger zukommen lassen;
- Links auf interessante Informationen zu Jakobswegen in Deutschland und Europa, zur Vorbereitung auf die Pilgerreise, Empfehlungen zu Rucksackinhalten etc.;
- Vorträge und Veranstaltungen zum Thema Jakobsweg;
- Übernachtungsmöglichkeiten auf der jeweiligen Etappe;
- GPS-Tracks zum Herunterladen.

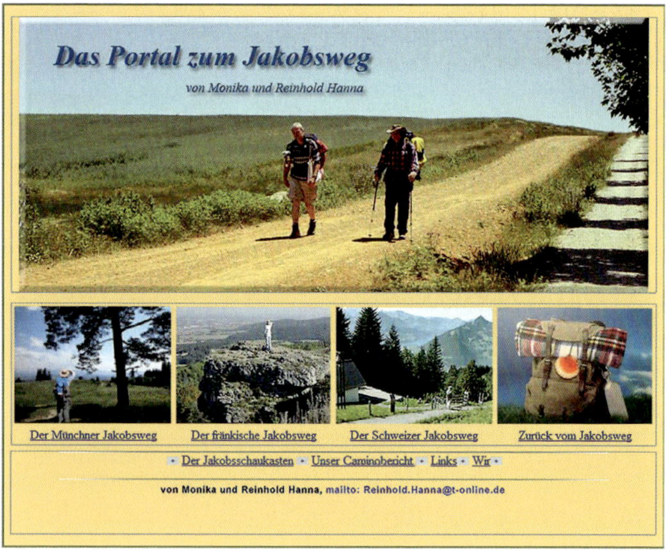

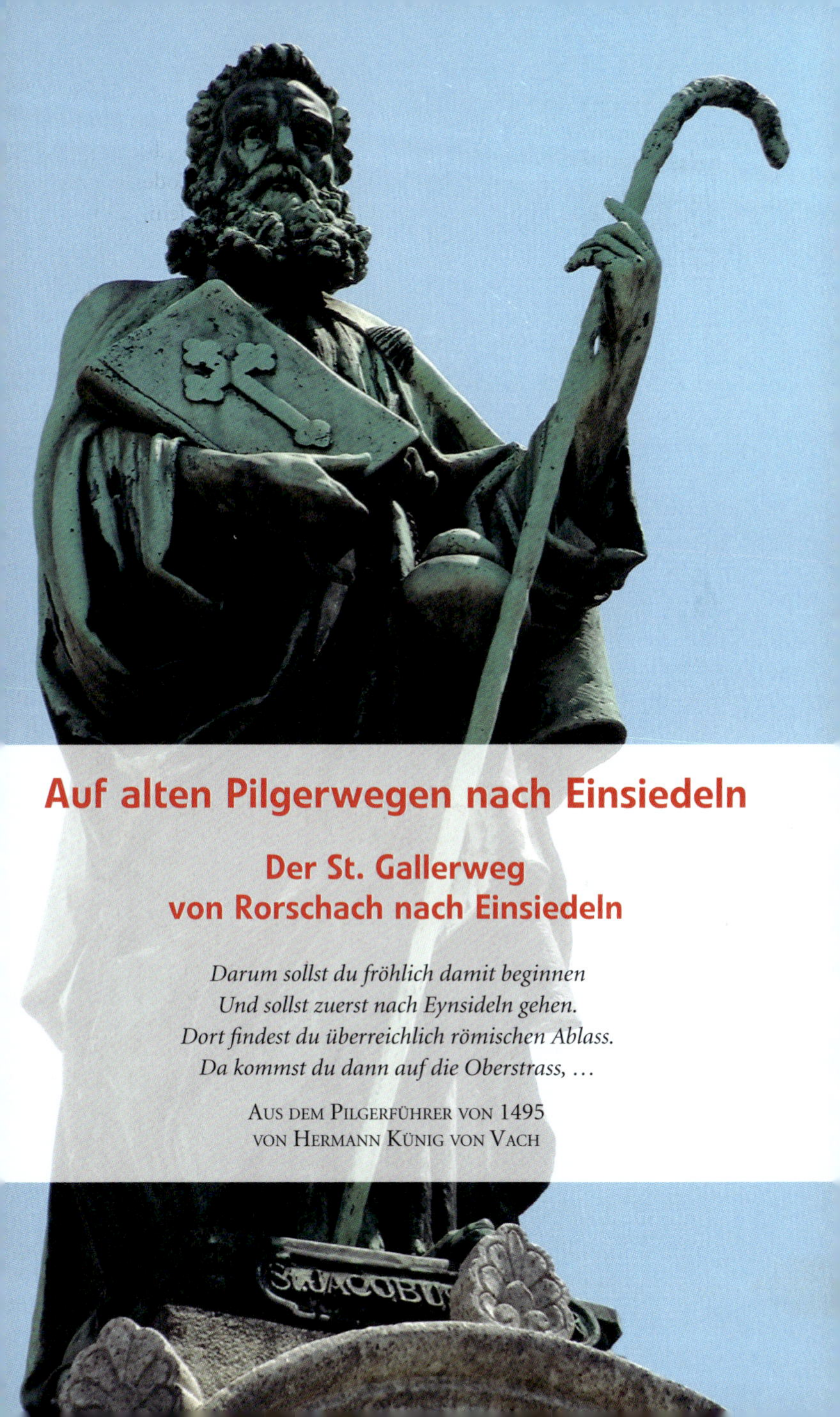

Auf alten Pilgerwegen nach Einsiedeln

Der St. Gallerweg von Rorschach nach Einsiedeln

Darum sollst du fröhlich damit beginnen
Und sollst zuerst nach Eynsideln gehen.
Dort findest du überreichlich römischen Ablass.
Da kommst du dann auf die Oberstrass, …

Aus dem Pilgerführer von 1495
von Hermann Künig von Vach

VON RORSCHACH NACH HERISAU

Start in Rorschach am Bodensee

Pilger auf dem Münchner Jakobsweg freuen sich, wenn sie am Pfändergipfel stehen und ihr vorläufiges Ziel Bregenz zu ihren Füßen liegt. Bei klarer Sicht verblüfft die phänomenale Aussicht, die von den Allgäuer- und Lechtaler Alpen im Osten über den Bregenzerwald, das Arlberggebiet und die Silvretta zu den Bergen des Rätikon und der Schweiz reicht. 240 Alpengipfel soll man zählen können. Doch nicht nur bei den Bergen genießen wir den Blick in drei Länder, sondern auch, wenn wir nach unten schauen: Der silbern glänzende Bodensee leuchtet hell zu uns herauf, an seinem Ostufer, direkt unter uns, Vorarlberg mit Bregenz, auf der rechten Seite die bayerische Inselstadt Lindau und gegenüber Rorschach, die erste Station des Schweizer Jakobswegs. In den meisten Pilgern regt sich bei diesem Anblick große Vorfreude auf den Weiterweg durch die Schweiz. Wer an einem schönen Sommertag hier oben die milde Luft einatmet, kann gut nachvollziehen, warum Liebhaber von »Deutschlands Südsee« schwärmen und was Martin Walser so trefflich formulierte: »Die Luft ist süß von Geschichte, von Durchdachtheit klar.«

In jahrtausendelanger Arbeit schuf der Rheintalgletscher diesen größten See des Alpenvorlandes. Die Römer nannten ihn »Lacus Brigantinus« nach »ihrer« Stadt Brigantium, also Bregenz. Die Alemannen sagten »Bodmansee« dazu, nach dem Ort Bodman, der Name wurde 795 in Zusammenhang mit der dort bezeugten Kaiserpfalz auf den See übertragen. Daraus entwickelte sich der Name Bodensee, der 1438 erstmals in einer Urkunde in St. Gallen erwähnt wird. Mit 539 Quadratkilometern Fläche und einer Tiefe bis zu 250 Metern ist er das drittgrößte Gewässer Mitteleuropas und teilweise tiefer als die Ostsee. In der Schweiz ist nur der Genfersee größer, die Jakobswege durch die Eidgenossenschaft führen also von ihrem zweitgrößten See zum größten. Die 265 Kilometer Ufer teilen sich zwei deutsche Bundesländer, das österreichische Bundesland Vorarlberg und drei Schweizer Kantone.

In Rorschach, Durchgangsort und Ausgangspunkt der großen

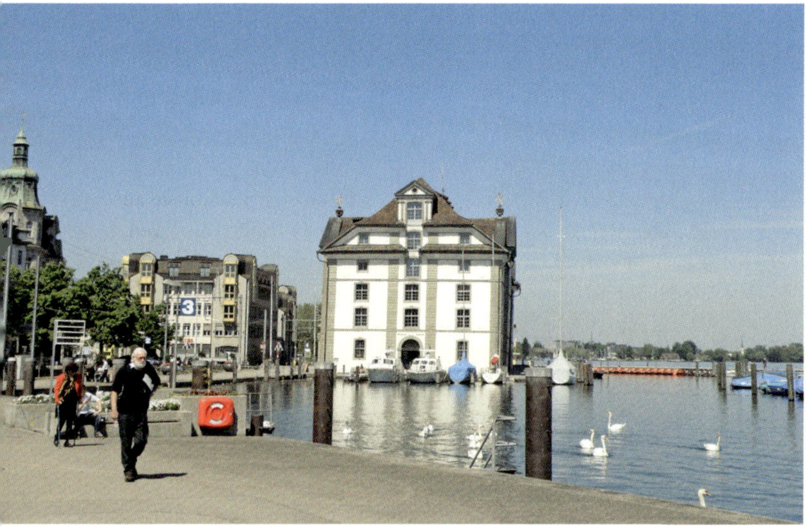

Kornhaus in Rorschach

Pilgerströme im Mittelalter, starten auch heute noch viele Pilger ihren Weg durch die Schweiz. Das Schiff verlassend oder vom Bahnhof aus stoßen wir am Hafen auf das ehemalige Kornhaus, seine Größe lässt etwas von der damaligen Bedeutung des Kornhandels in der Region erahnen. Dass Rorschach ein bedeutender Handelsplatz war, erkennen wir auch an den alten Häusern in der historischen Hauptstraße, mit ihren wunderschönen Giebeln, Portalen und Erkern, verziert mit geschnitzten Engeln, wilden Tieren oder Früchten. Auf einem Kupferstich von 1794 heißt es: »*Hochfürstlich St. Gallischer Hauptmarktflecken am Bodensee*«. Und Rorschach ist bis heute Sankt Gallisch geblieben.

Der Ort wurde bereits von den Alemannen gegründet, die rund um den Bodensee neue Siedlungen bauten, nachdem sie die Römer besiegt hatten. Schon im 10. Jahrhundert war die Jakobskapelle auf dem heutigen Kronenplatz Raststation für die durchziehenden Pilgerscharen auf ihrem Weg nach Santiago de Compostela. An gleicher Stelle findet man nun einen Brunnen, auf dem eine steinerne Jakobusfigur thront. Das Glöcklein auf dem Brunnenstock stammt aus der 1834 abgerissenen Jakobskapelle und läutet heute noch zweimal täglich zum »Angelus«.

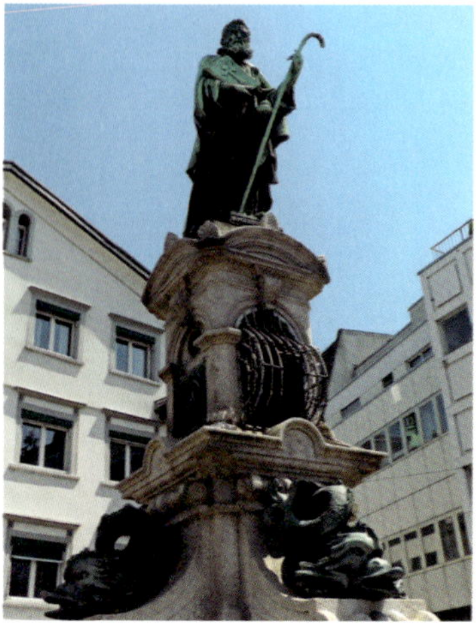

Jakobsbrunnen, Kronenplatz Rorschach

König Otto I. verlieh dem Kloster St. Gallen im 10. Jahrhundert das Markt-, Münz- und Zollrecht für Rorschach. Solche Privilegien besaß am See sonst nur noch Konstanz. Im 15. Jahrhundert ließ Ulrich Rösch, der Abt von St. Gallen, Rorschach zu einem richtigen Hafen ausbauen mit Lagerhaus, Kornhaus und Taverne. Außerdem hatte er im Sinn, das Kloster nach Rorschach zu verlagern, weil sich die reich gewordene Stadt St. Gallen und das Kloster schon lange gegenseitig das Leben schwer machten. So begann er mit einem Klosterneubau auf dem Mariaberg oberhalb der Stadt. Doch kurz vor der Vollendung schlugen die St. Galler und Appenzeller Bürger im sogenannten Klostersturm den Neubau »zu Hudeln und Fetzen« (sie brannten ihn nieder), da sie um ihre politische Bedeutung besorgt waren. Das Kloster wurde zwar wieder aufgebaut, auf eine Verlegung von St. Gallen nach Rorschach wurde jedoch verzichtet. Heute befindet sich in dem Komplex ein Lehrerseminar.

Der wuchtige, spätmittelalterliche Klosterbau am Ende der steilen Mariabergstrasse beeindruckt schon von Weitem. Über eine elegante Treppenanlage und durch die offene Eingangshalle gelangen wir ungehindert in den Kreuzgang mit seinen reichen Maßwerkfenstern, bewundern die rosetten- und netzförmigen Rippengewölbe und die in spätgotischer Steinmetzkunst gefertigten Schlusssteine und Konsolen mit figürlichen Motiven. Wir freuen uns darüber, dass für den Stil der Kreuzgangausstattung der Münchner Architekt und Bildhauer Erasmus Grasser maßgeblich war, der auch die berühmten Moriskentänzer im Münchner Stadtmuseum schuf.

Ein zufällig vorbeikommender und sehr netter Seminarlehrer erklärt uns die Anlage, schließt uns den ehemaligen Kapitelsaal auf – heute Musiksaal – und wir begeistern uns an der farbenfrohen Ausmalung des Netzgewölbes mit Szenen aus dem Marienleben und vielen Heiligen – neben der heiligen Barbara ist natürlich auch der heilige Jakobus darunter, auch er von üppigen Blattranken eingerahmt.

Zeichen am Weg

Auf dem Rückweg vom Mariaberg besuchen wir die Pfarrkirche St. Kolumban und Konstantius und stoßen im »Fürbittenbuch« auf einen Eintrag, der uns tief berührt. Ist dies ein »Zufall« – eine jener Fügungen, wie sie auf dem Jakobsweg so häufig vorkommen? Oder reagieren unsere Sinne auf dem Pilgerweg sensibler und wir erleben einen der Momente, in denen wir mehr als sonst wahrnehmen? Warum fällt uns dieser Eintrag gerade jetzt in die Hände? Was bedeutet er?

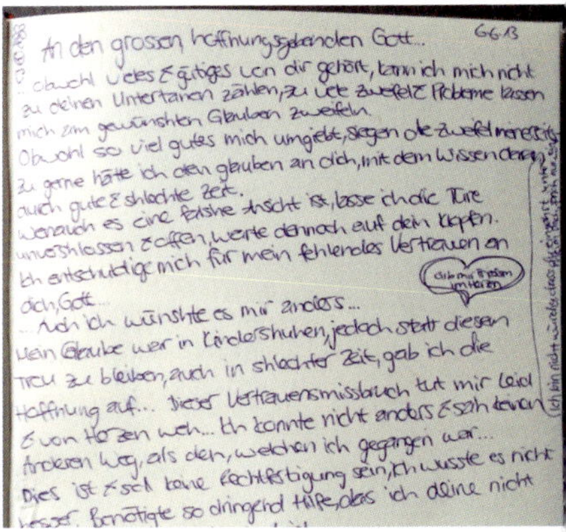

An den grossen hoffnungsspendenden Gott... 6.6.13
...obwohl vieles & gütiges von dir gehört, kann ich mich nicht
zu deinen Untertanen zählen, zu viele Zweifel & Probleme lassen
mich am gewünschten Glauben zweifeln.
Obwohl so viel gutes mich umgiebt, siegen die Zweifel meinerseits
zu gerne hätte ich den glauben an dich, mit dem Wissen dass es
auch gute & schlechte Zeit.
Wenn auch es eine falsche Ansicht ist, lasse ich die Türe
unverschlossen & offen, werte dennoch auf dein Klopfen.
Ich entschuldige mich für mein fehlendes Vertrauen an
dich, Gott...
...Auch ich wünschte es mir anders...
Mein Glaube war in Kinderschuhen, jedoch statt diesen
treu zu bleiben, auch in schlechter Zeit, gab ich die
Hoffnung auf... Dieser Vertrauensmissbrauch tut mir Leid
& von Herzen weh... Ich konnte nicht anders & sah keinen
anderen Weg, als den, welchen ich gegangen war...
Dies ist & soll keine Rechtfertigung sein, ich wusste es nicht
besser. Benötigte so dringend Hilfe, dass ich deine nicht

Eintrag im Fürbittenbuch der Pfarrkirche

War es ein Hilfeschrei, der Aufschrei eines Verzweifelten? Eines Pilgers? Oder eines zufällig an der Kirche vorbeigekommenen Menschen, der sich in seiner Not ein Zeichen von Gott erhoffte? Vielleicht eines Ungläubigen, der doch so gerne an etwas glauben wollte? Oder eines eigentlich Tiefgläubigen, der sich aber selbst nicht gläubig genug war? Wir werden es nie erfahren.

Dieser Eintrag spiegelt eines der häufigsten Motive für eine Pilgerreise wider: die verzweifelte Suche nach Gott – und nach dem Sinn des Lebens. Auch das eigene Tun und Handeln wird unterwegs kritisch hinterfragt, Bilanz gezogen. Offensichtlich benötigen wir Menschen das Gefühl, dass unser Leben sinnvoll ist und dass wir es »richtig« leben.

Die abendlichen Gespräche in den Pilgerherbergen des Jakobswegs drehen sich sehr häufig um dieses Thema. Menschen, die sich eine

Auszeit nehmen, um mit sich selbst und ihrer Umwelt ins Reine zu kommen, treffen auf Gleichgesinnte, mit denen sie über Gott und die Welt diskutieren und sich Fragen stellen, die alle bewegen:
Ist in unserer technisierten Welt der Preis für den angestrebten Lebensstandard zu hoch? Geht uns mit steigendem Lebensstandard die soziale Kompetenz verloren? Und warum stellen sich Glück und Zufriedenheit nicht automatisch ein, wenn der Wohlstand erreicht ist? Weshalb beschleicht uns trotz unserer so viel gepriesenen Lebensqualität oft das ungute Gefühl, auf Kosten nachfolgender Generationen zu leben? Was bringt uns immer wieder dazu, vorgegebene Regeln – seien sie von der Natur oder von Gott – zu ändern, um sie zu unserem eigenen Vorteil zu nutzen, ohne die Konsequenzen ernsthaft zu bedenken? Wie oft ist es schon passiert, dass unerwünschte »Nebenwirkungen« eines »Fortschritts« erst nach einiger Zeit voll zutage traten und uns an den Rand einer Katastrophe katapultierten – in der Atomtechnik, bei medizinischen Eingriffen ins Erbgut, bei Bankenspekulationen, um nur einige zu nennen. Die Frage, warum wir Menschen bei allen positiven Erfindungen häufig auch Katastrophen produzieren, also versagen, stellen sich inzwischen viele. Auch die Kirchen, die sich als Hüter von Werten sehen, haben nur unzureichende Antworten, flüchten sich lieber in strenge moralische Vorgaben, um dann selbst daran zu scheitern ...
Interessanterweise spielen bei den diskutierten Fragen kulturelle Unterschiede der Pilger aus den verschiedenen Ländern Europas kaum eine Rolle. Eher rücken alle näher zusammen, es entsteht eine Gemeinschaft, die in der Hektik des Alltags zu Hause oftmals verloren gegangen ist. Und allmählich wächst ein Zusammengehörigkeitsgefühl, in dem sich alle geborgen fühlen. Auf dem Pilgerweg mit seinem einfachen Leben spürt man, wie wenig ein Mensch braucht, um glücklich zu sein. Hat man sich einmal verlaufen, helfen einem die Menschen, die am Pilgerweg wohnen, wieder den richtigen Weg zu finden. Benötigen wir einen guten Rat, wenden wir uns vertrauensvoll an einen Pilgerfreund. Abends in den Herbergen werden Gedanken und Gefühle ausgetauscht und wir werden mit jedem Tag zufriedener. Die Ruhe, in die wir uns langsam »hinein-laufen«, die neuen Freundschaften, das soziale Verhalten untereinander bewirken, dass uns langsam klar wird,

was wirklich wichtig für uns ist. Dass wir dazu auch ein wenig Geduld mit uns selbst benötigen und dies nicht bei einem schnellen sportlichen »Jakobsweg-Trip« in ein paar Tagen zu erreichen ist, versteht sich von selbst.
Bedeutet dieses Wegzeichen, der Eintrag des Verzweifelten, also für uns, achtsamer unseren Weg zu gehen, mehr auf unsere Mitpilger einzugehen? Wir nahmen uns vor, das zumindest zu versuchen. Und wir baten Jakobus, uns dabei helfend zur Seite zu stehen.

Die ehemalige Fürstabtei St. Gallen

Schon auf dem Münchner Jakobsweg begegneten wir dem heiligen Gallus zweimal: In der St. Galluskapelle in Scheidegg im Allgäu, deren Altarbild den Abschied der beiden Mönche Gallus und Magnus zeigt, und in Bregenz, das die beiden Glaubensboten Kolumban und Gallus verödet vorfanden und wo sie um das Jahr 610 eine der ältesten klösterlichen Ansiedlungen auf deutschem Boden gründeten.
In der Schweiz scheinen die ersten Missionsversuche zunächst gescheitert zu sein. Gallus soll am Zürichsee während einer Predigt von Kolumban einen heidnischen Opferaltar zerstört und später Götzenbilder in den Bodensee geworfen haben. Nachdem sich Kolumban und Gallus wieder getrennt hatten, zog Gallus der Überlieferung nach an den Bodensee nach Arbon. Im Jahr 612 beschloss er, zusammen mit einem Gefährten dem Fluss Steinach zu folgen – das Gebiet war damals urwaldähnlich. Als sie an einen Wasserfall bei der Mühleggschlucht kamen, stolperte Gallus und fiel in einen Dornbusch, was er als göttliches Zeichen deutete, um zu bleiben. Die Legende berichtet, dass nachts plötzlich ein Bär auftauchte, um sich über die Reste des Abendessens herzumachen. Doch Gallus fürchtete sich nicht vor ihm, im Gegenteil, er befahl ihm, im Namen des Herrn ein Stück Holz ins Feuer zu werfen, und der Bär gehorchte. Zum Dank gab ihm Gallus ein Brot und gebot ihm, sich nie mehr an diesem Ort blicken zu lassen. Der Bär ist nicht wieder aufgetaucht. Oder doch? Heute kann man ihn im Wappen von St. Gallen bewundern.
Gallus baute sich an der Steinach eine Einsiedlerklause und lebte dort als Eremit, sammelte Schüler um sich und bekämpfte weiter heidni-

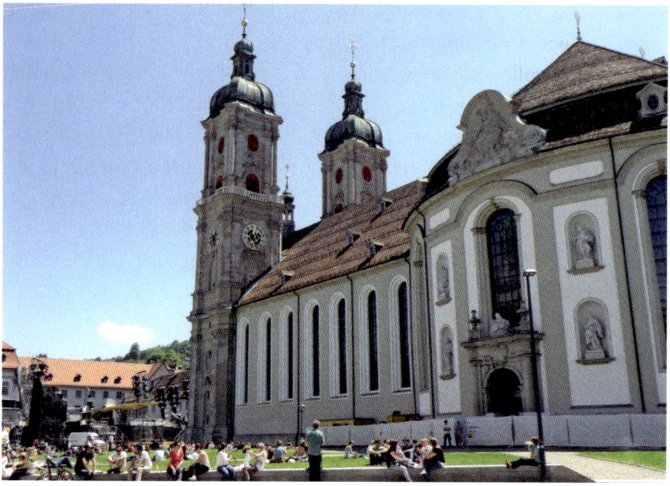

Stiftskirche in St. Gallen

sche Bräuche. Ein Angebot, Bischof von Konstanz zu werden, schlug er aus und führte stattdessen ein zurückgezogenes, asketisches Leben. Etwa 80 Jahre nach Gallus' Tod, im Jahr 719, gründete der alemannische Priester Otmar über der Einsiedlerzelle eine Abtei und gab ihr den Namen St. Gallen. Daraus entwickelte sich ein berühmtes Kloster, auch »Erzieherin Alemanniens« genannt, das bis 1805 bestehen blieb. Anfang des 9. Jahrhunderts wurde das erste Münster gebaut. Das Kloster war Zentrum der Christianisierung in der Schweiz und auch Teile Süddeutschlands wurden von hier aus missioniert. Vom 9. bis 11. Jahrhundert – dem goldenen Zeitalter des Stifts – erlebte es eine religiöse, geistige und wirtschaftliche Hochblüte und wurde zu einem der kulturellen Brennpunkte des Abendlandes.

Die Stiftsbibliothek ist eine der ältesten und größten Klosterbibliotheken der Welt. In ihr wird seit 820 der berühmte Idealplan eines Benediktinerklosters aufbewahrt, außerdem beherbergt sie eine herausragende Sammlung alter Schriften, allein 2100 Handschriften gehören dazu, unter ihnen zahlreiche der ältesten Bibeltexte. Schon im 9. Jahrhundert waren 400 Bücher registriert, heute sind es 170000 Bände.

Stundenlang könnte man die alten Schriften betrachten und sich vorstellen, wie die Mönche ihre Pfauenfedern in die Tusche tauchten und in kunstvoller Schreibschrift unzählige Pergamentseiten füllten. Warum die Bibliothek in der griechischen Inschrift über dem Eingangsportal »Seelenapotheke« – Heilstätte für die Seele – genannt wird, versteht man sofort, wenn man sie betritt. Der Raum strahlt eine seltene Intimität aus und ist dennoch festlich gestaltet. Ein Fürstabt hatte im 18. Jahrhundert den Entschluss zu einem Neubau gefasst. Das Ergebnis ist einer der schönsten Bibliotheksräume des Spätbarocks: Ringsum edles Bücherschrankwerk aus warmem Nussbaumholz, dazwischen kleine Schubladen, an eine Apotheke erinnernd, darin die von eifrigen Bibliothekaren beschriebenen und nummerierten Kärtchen. Den Fußboden zieren Holzintarsien. Der Laienbruder Gabriel Loser soll dieses Holzwerk so fein gearbeitet haben. Die Stuckaturen wurden von den Wessobrunner Brüdern Gigl gestaltet, das Deckengemälde schuf Joseph Wannenmacher.

Die Bibliothek wurde etwa zur gleichen Zeit errichtet wie die Stiftskirche, die den Klostergründern Gallus und Otmar geweiht ist. Egal, von welcher Seite man kommt, die Türme der Kirche sieht man zuerst. Betreten wir an einem sonnigen Tag den Stiftsplatz, wenn im Gras vor der Kirche die jungen Leute lagern und der riesige technische Aufbau für die jährlich stattfindenden Festspiele den Blick auf den Gesamtkomplex ein wenig verstellt, erfreuen wir uns dennoch an den dreigeschossigen Kirchtürmen, mit denen Licht und Schatten ihr lebhaftes Spiel treiben. Im Innenraum fallen zuerst die vielen symbolträchtigen Putten auf, von Rocaille- und Pflanzenwerk im Wessobrunner Grün umgeben. Die Seitenschiffe wirken hell und hoch, dem Kuppelraum hätte ein wenig mehr Farbigkeit gutgetan. Wegen ihrer dunklen rostbraunen und violetten Farben erschließen sich die unterschiedlichen Szenen aus dem Leben des heiligen Gallus nicht so schnell, wir entdecken dennoch bald die Legende von Gallus und dem Bären. Auf den zwei riesigen Schränken im Eingangsbereich sind die zwölf Apostel dargestellt, auf dem rechten finden wir Jakobus, unseren Pilgerpatron. Doch nicht nur das Kloster blühte auf, sondern auch die Stadt St. Gallen, die zwar nie offiziell gegründet wurde, aber rund um das Stift entstand. Seit 1170 war sie Markt, später freie Reichsstadt,

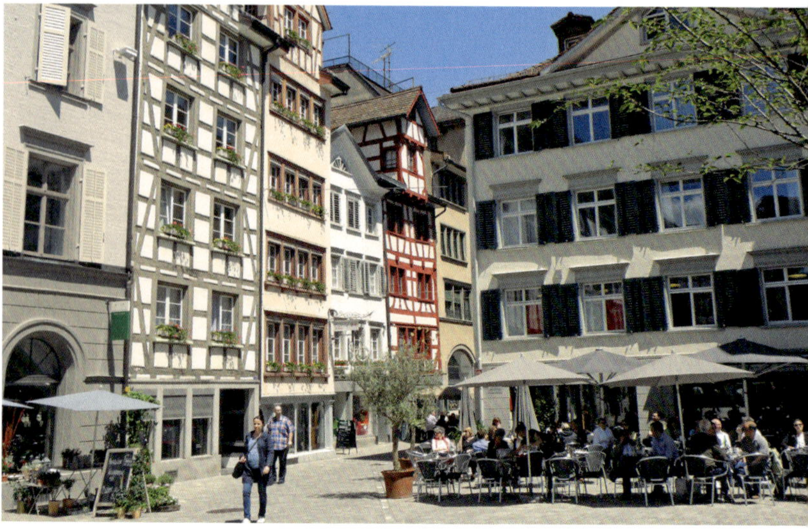

Südliche Stimmung in der Altstadt von St. Gallen

trat 1454 der Eidgenossenschaft bei und war seit 1457 vom Kloster unabhängig. Der Fürstabt von St. Gallen war seit dem 15. Jahrhundert der länderreichste Fürst der Eidgenossenschaft, sein Land umgab die Stadt fast gänzlich, die im 14. und 15. Jahrhundert eine erste Blüte der Leinwandindustrie erlebte. Da St. Gallen keinen eigenen Grund hatte, erlaubte man keine weitere Bebauung, man brauchte die Fläche, um das Leinen zu bleichen. 1529 schlossen sich alle Leinwandkaufleute der Reformation an. Einige Jahre später wurden Stadt und Stiftsbezirk durch Mauern voneinander getrennt und ein eigenes Tor für das Kloster gebaut, damit Mönche und Abt beim Verlassen des Klosters nicht durch die Häuserreihen der Protestanten gehen mussten. Ein kleiner Rest dieser »Schiedmauer« steht heute noch. Und noch immer blüht in St. Gallen die Textilindustrie, es gibt sogar einen »Börsenplatz«, der nichts mit Banken zu tun hat, sondern so heißt, weil hier einst die Stickereibörse abgehalten wurde. Die in der Stadt hergestellten Stickereien und Spitzen werden auch heute noch gerne getragen und auf den Laufstegen der Welt vorgeführt.

Das Kloster aber überlebte nicht. Die von Frankreich 1798 geschaffene Helvetische Republik umfasste auch die ehemaligen Gebiete der Fürstabtei. Die Aufhebung des Klosters erfolgte 1805 durch den

Großen Rat des Kantons St. Gallen. Der Stiftsbezirk wurde 1983 ins UNESCO-Weltkulturerbe aufgenommen. Heute ist St. Gallen Hauptstadt des gleichnamigen Kantons.

Herisau

Wir befinden uns nun in der sanften appenzellischen Hügellandschaft und im »größten Dorf der Schweiz«. Herisau ist Hauptort des Kantons Appenzell Ausserrhoden, mit Sitz des Kantonsparlaments und der -regierung. Schon 837 wurde der Ort erstmals erwähnt und gehörte früher zum Kloster Sankt Gallen. Seit 907 ist eine Kirche nachgewiesen, die Pfarrei erstreckte sich über das gesamte Appenzeller Hinterland. In den Appenzellerkriegen löste sich der Ort 1433 von St. Gallen und schloss sich als einer der letzten Orte 1529 der Reformation an.

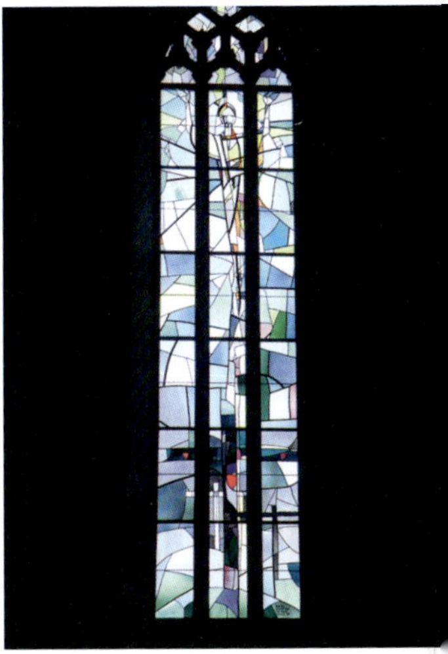

Glasfenster in der Pfarrkirche, Herisau

Der Turm der reformierten Pfarrkirche St. Laurentius ist das Wahrzeichen von Herisau. Erbaut von 1516 bis 1520 im spätgotischen Stil, ist die Kirche 1559 völlig ausgebrannt, wurde 1606 wieder aufgebaut und im 18. Jahrhundert durch den Architekten Andreas Moosbrugger im Rokokostil grundlegend renoviert. Der alte Turm aus dem 13. Jahrhundert erhielt einen achteckigen Helm und eine ausladende Glockenstube, in die 1807 die große Glocke aus dem aufgehobenen Reichskloster Salem eingefügt wurde. Sie trägt die Inschrift: »Im Anfang war das Wort, und das Wort war bei Gott, und Gott war das Wort«. Das Geläut der sechs Glocken der Kirche zählt zu den schönsten der Schweiz.

Die 1961 an den drei Spitzbogenfenstern im Chor angebrachten Glasgemälde, die ihre Bedeutung erläuternden Texte sowie ein Pilgergruß der Kirchgemeinde mit meditativen Gedanken laden Pilger zum Innehalten ein. Ein Wappenstein an der Nordseite der Kirche zeigt den Appenzeller Bären mit zwei Schlüsseln. Warum zwei Schlüssel?

Appenzeller Söldner hatten 1512 Papst Julius II. geholfen, die Franzosen aus Mailand zu vertreiben. Im Gegenzug erlaubte der Papst den Appenzellern, fortan die Schlüssel des Vatikans in ihrem Wappen zu führen. Sie machten davon jedoch keinen Gebrauch ... Dieser selbstbewussten und eigenwilligen Art der Appenzeller werden wir noch öfters begegnen.
Auch das alte Rathaus gegenüber der Kirche, in dem sich das Museum befindet, sowie die schönen Bürgerhäuser sind sehenswert. Zudem können sich Pilger an mehreren Brunnen erfrischen.

Wegbeschreibung: Erste Etappe

Die Via Jacobi Nr. 4 leitet bereits vom Rorschacher Hafenbahnhof aus nach Süden.
Doch wie schon die Pilger im Mittelalter beginnen wir unseren Jakobsweg durch die Schweiz beim Jakobsbrunnen am **Kronenplatz**. Hier können wir Jakobus begrüßen und ihn bitten, uns auf unserem Weg zu begleiten und zu beschützen.
Wir gehen nach links in die Neugasse, bei der nächsten Kreuzung rechts zum Marktplatz und überqueren diesen geradeaus, folgen der Feldmühlestrasse zunächst halblinks, dann rechts über den Bahnübergang bis zum Gasthaus Rhätia. Dort biegen wir rechts in einen Fußweg ein, der in eine Fahrstraße mündet. Nach etwa 50 Metern links aufwärts steht auf der rechten Seite die **Pestalozzischule**, wir durchqueren das Schulgelände und folgen dahinter dem schmalen Fußweg bis zur Pestalozzistrasse. Diese verlassen wir bei der nächsten Kreuzung nach links, bis wir zur Appenzellerstrasse kommen, und steigen auf ihr zu den letzten Häusern von Rorschach hinauf, ein Fußweg leitet uns einige Hundert Meter hoch auf eine Fahrstraße.
Nach zwanzig Metern rechts abwärts zweigen wir nach links in einen Waldweg (**Egertenstrasse**), der parallel zur Autobahn verläuft. Wir überqueren diese auf einer Brücke nach links und stapfen steil hinauf zum **Schloss Sulzberg** – im Volksmund heißt es nach seinen früheren Besitzern »Möttelischloss«. Vielleicht geraten wir erstmals ins Schwitzen und freuen uns beim Verschnaufen über die wunderbare Aussicht auf den Bodensee. Geradeaus weiter duckt sich der hübsche **Schloss-**

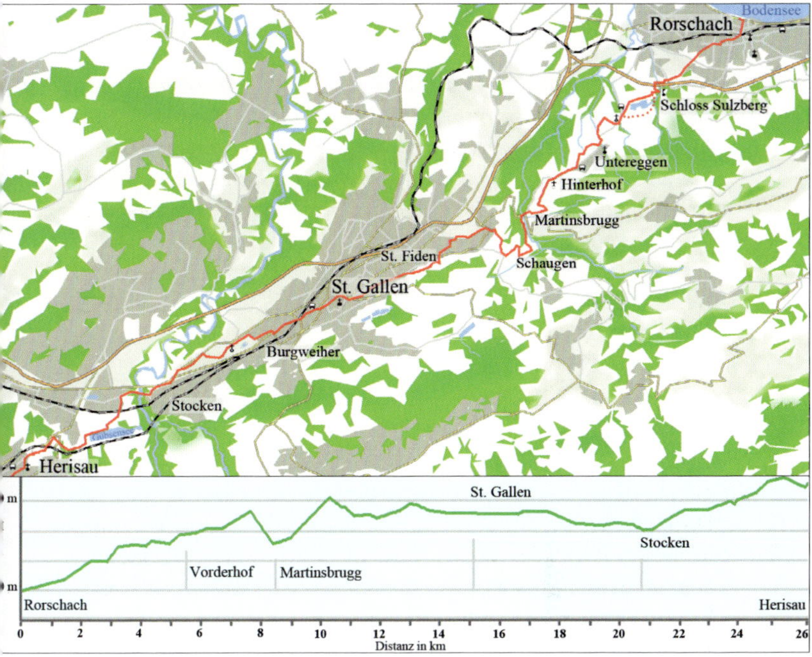

weiher unter uns in eine Geländemulde. In jedem Frühjahr bekommt er Besuch von Tausenden von Fröschen, Kröten und Molchen, die hier ablaichen.

Etwa einen Kilometer weiter mündet unser Weg bei der Bushaltestelle **Vogelherd** in eine Landstraße, der wir links aufwärts folgen. Beim Bildstock der heiligen **Apollonia** – wir haben hoffentlich kein Zahnweh – queren wir nach rechts und gelangen zum Weiler **Brand** mit seinen freundlichen Schindelhäusern und Bauerngärten mit herrlichen Rosen. Hinter dem ersten Haus biegt der Jakobweg links in einen Feldweg ab und bringt uns durch eine reizvolle Wiesenlandschaft hinauf nach **Vorderhof** (Gemeinde Untereggen). Von einem Hügel grüßt die barocke Pfarrkirche St. Magdalena. herunter. Bei der Bushaltestelle biegen wir rechts ab und wandern

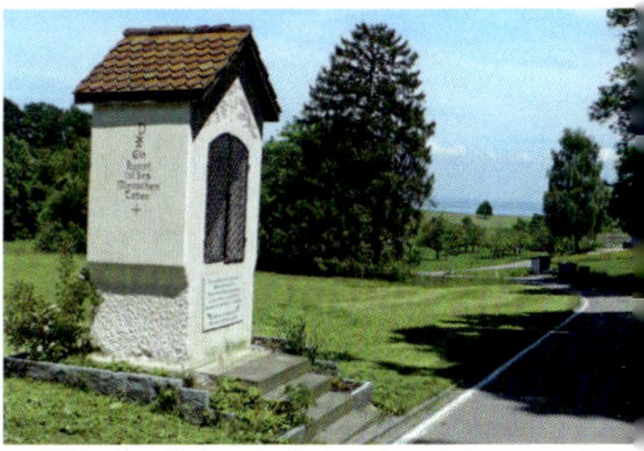

Bildstock der hl. Apollonia, Untereggen

auf einem Feldweg links aufwärts nach **Mittlerhof**. Hier führt uns eine Jakobsmuschel in Versuchung: Sie verweist auf eine Pilgerschänke, die zur Rast einlädt.

Wir gehen auf der Hauptstraße bis zum Kruzifix am Ortsausgang, verlassen dort die Straße links aufwärts nach Schiben und Steingrueben. Bei einem Bauernhaus zweigen wir rechts auf einen Pfad ab, der zur **Martinsbrücke** hinabführt. Auf einer Tafel ist zu lesen, dass der Überlieferung nach der St. Galler Mönch Notker unter dem Eindruck des furchterregenden Tobels das Lied: »Mitten im Leben sind wir vom Tod umfangen« geschrieben haben soll. Wir überqueren die sagenumwobene Martinsbrugg über die Goldach und den Martinstobel, nehmen direkt dahinter den links aufwärts führenden Waldweg zum Restaurant **Schaugenbädli**. Dort wenden wir uns nach rechts und steigen am Riethof vorbei zu den Häusern von **Schaugen**. Am Ende der Rietstrasse zweigen wir ab in die Rehetobelstrasse und nach wenigen Metern rechts in den Schachenbüelweg, dem wir bis zur Tablatstrasse folgen – wir befinden uns schon im Ortsbereich von **St. Gallen.**

Nach etwa 50 Metern nach rechts wechseln wir links in die Reherstrasse, die in die Martinsbruggstrasse mündet, nach wenigen Metern nehmen wir die Burenbüchelstrasse nach links. Bei der Fuchsenstrasse biegen wir wieder nach links ab, gehen durch Iltisstrasse, Grütliweg und Bruggwiesenweg, überqueren die Hagenbuchstrasse in den Goldbrunnenweg, der über die Flurhofstrasse in die Linsebühlstrasse führt. An ihrem Ende gehen wir geradeaus über die große Kreuzung, durchschreiten das **Spisertor** in die Spisergasse und stehen kurz danach beeindruckt im Klosterbezirk und vor der **Kathedrale**.

Nach einem angenehmen Aufenthalt in St. Gallen begeben wir uns auf den weiteren Weg nach Herisau. Wir verlassen den Klosterbezirk über die **Multergasse**, schreiten durch das Multertor in Richtung Bahnhof und weiter zur St. Leonhardstrasse mit der neugotischen St. Leonhardskirche. Nach dem Bahnhofsplatz überqueren wir die Bahngleise, nehmen gleich dahinter links die Burgstrasse und folgen ihr bis zu einem Sportgelände. Hier biegen wir nach rechts in die Vonwilstrasse ab und kurz danach links in die Schillerstrasse, die zum Burgweiher führt. Den kleinen Park umrunden wir nördlich, lassen dabei unsere

Blicke zum wuchtigen **Tröckneturm** (früher wurden darin die frisch gefärbten Stoffbahnen zum Trocknen aufgehängt) und zur Kapelle **Maria Einsiedeln** schweifen. An einer Kleingartensiedlung vorbei geht es durch ein Industriegebiet und nach **Bruggen**.

Der Weg aus der Stadt auf der Zürcher Strasse zieht sich lange hin und wir sind froh, als wir in der Kräzernstrasse die Brauerei Stocken passieren und hinunter nach **Stocken** kommen. Auf der **Kräzernbrücke** über die Sitter genießen wir den schönen Ausblick auf die Fürstenlandbrücke. Nach circa 300 Metern zweigen wir nach links auf einen Weg ab, der aus dem Ortsteil Winkeln hinausführt und in das Erholungsgebiet des **Gübsensees** leitet. An seinem Ufer spazieren wir in erholsamer Umgebung bis zum Damm und überqueren ihn. Der Weiterweg bringt uns zur Hauptstraße zwischen St. Gallen und Herisau.

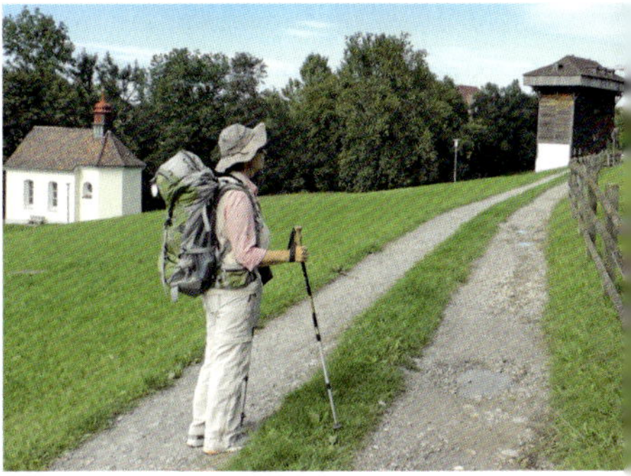

St. Gallen: Tröckneturm, Kapelle Maria Einsiedeln

Wir überschreiten die Kantonsgrenze von St. Gallen nach Appenzell Ausserrhoden und erreichen das Restaurant **Alter Zoll**, früher ausserrhodische Zollstätte. Achtung: Nur wenige Meter folgen wir dieser stark befahrenen Straße und verlassen sie dann über eine Bahnbrücke nach links. Die Kreuzstrasse führt uns am Friedhof vorbei – hier hat der Schriftsteller Robert Walser seine letzte Ruhestätte gefunden – über die Buchenstrasse ins Zentrum von **Herisau**. Wie die Pilger schon seit vielen Jahrhunderten erfrischen wir uns am alten Pilgerbrunnen in der Bachstrasse, bevor wir zur St. Laurentiuskirche hinaufsteigen.

Weglänge: ca. 26 km
Übernachtungsmöglichkeiten: Rorschach, St. Gallen, Herisau

http://www.hanna-jakobsweg.de/sjw/t01/r01.htm

VON HERISAU NACH WATTWIL

Im Toggenburg

Diese Landschaft zwischen Mittelland und Alpen liegt mitten im Kanton St. Gallen. Der Abt von St. Gallen, Ulrich Rösch, hatte sie 1468 erworben und führte daraufhin stolz in seinem Wappen auch den Schild des Toggenburgs, den Hund. Doch in der Reformationszeit wechselte ein Großteil der Bevölkerung zum reformierten Glauben über und 1530 erklärte sich Toggenburg für unabhängig. Nach der Reformation wollte der Abt von St. Gallen nach dem Grundsatz handeln: »cuius regio, eius religio« – wes das Land, des der Glaube. Doch eine Rekatholisierung war wegen der historischen Entwicklung nicht mehr realisierbar. Im Landfrieden von 1538 musste Toggenburg wieder unter die Herrschaft der Abtei zurückkehren, der Abt duldete dafür aber den reformierten Glauben. So ist das Toggenburg eine der wenigen Landschaften, in der beide Konfessionen zugelassen waren.

Ganz allmählich entwickelt sich aus dem flachen Land ein welliges Hügelland und aus diesem heraus schrofferes Bergland. Auch die Gipfelformen haben fließende Übergänge, von oben flachen oder abgerundeten Bergen zu den scharfkantigeren. Der höchste Berg ist der Säntis, als Wahrzeichen des Toggenburgs aber gilt die Bergkette der Churfirsten. Sie bilden die südlichste Grenze und fallen fast senkrecht zum Walensee hin ab. Zwei Flusstäler prägen die Landschaft von Süd nach Nord, das Thur- und das Neckertal. Außerdem ist das Toggenburg die Heimat des Reformators Zwingli, der in Wildhaus geboren wurde.

Es macht Freude, aber auch müde, durch diese kurzweilige Landschaft zu pilgern. Kaum ist man durch Wald und Weiden in einen Talgrund hinabgestiegen, leitet der Weg wieder auf eine Anhöhe hinauf. Oben fällt der Blick ins nächste Tal, ein idyllisches Dorf duckt sich hinein, unser Weg schlängelt sich hinunter. Auf dem Höhenrücken darüber klebt das nächste Dorf, die Pfarrkirche leuchtet hell zu uns herunter … Dazwischen stattliche Bauernhöfe. Einladend und behaglich schauen die alten Holzhäuser aus, mit ihren der Sonne zugekehrten Wohnräumen. Die Stuben haben vier, die Nebenstuben drei Fenster, daneben ist manchmal noch Platz für eine zweifenstrige Kammer. Alle Fenster

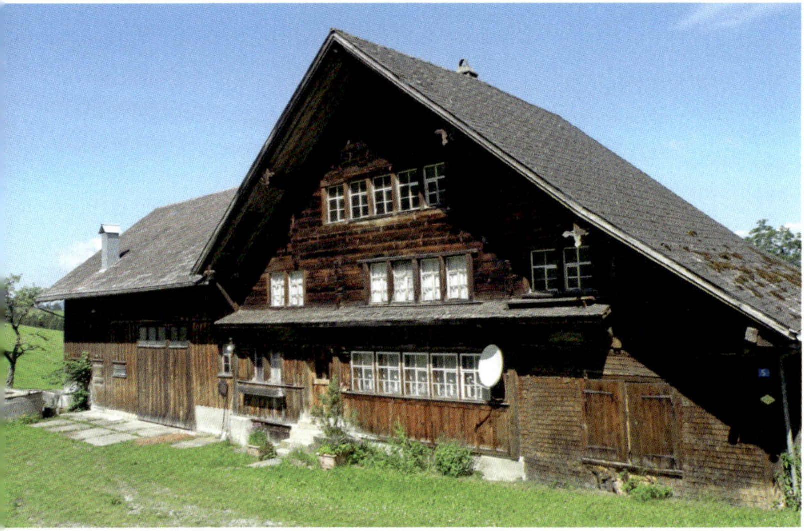

Charaktervolles Toggenburger Bauernhaus vor Hofstetten

sind mit durchlaufenden Vordächern beschirmt, sodass ihnen die grelle Sonne oder Regen und Unwetter nicht so viel anhaben können. Eine fantastische Idee!

St. Peterzell

Als »cella sancti Petri« wurde St. Peterzell 1178 erstmals in einer Urkunde erwähnt: eine Brüderklause, von den Edlen von Illnau zu Ehren des heiligen Petrus gegründet. Vermutlich handelte es sich ursprünglich um eine Einsiedelei. 1227 wurde der Name der klösterlichen Einrichtung auf den Ort übertragen. Etliche Jahre später ging sie als Schenkung an die Benediktinerabtei St. Johann im Toggenburg über und hatte nur noch den Rang einer Propstei. Zusammen mit St. Johann wurde St. Peterzell 1555 der Fürstabtei St. Gallen einverleibt und blieb bis zur Klosteraufhebung 1805 unter dieser Hoheit.
Die alte Kirche hat man 1722 abgerissen und in einem schlichten Barockstil neu errichtet. Auch das Probsteigebäude wurde 1764 fertiggestellt und diente bis 1805 als Priorat. In der Dorfmitte, rund um Kirche und Propstei, entstanden schmucke Toggenburger Bürgerhäuser. Wir fühlen uns sofort wohl in diesem hübschen Dorf, bewundern

die geschweiften Giebel der Häuser und die Fassaden mit den bunt bemalten Rokokoornamenten wie am »Roten Haus«. Sie beeindrucken noch heute und erinnern an ihre Besitzer. Entlang der Dorfstraße informieren große Tafeln über die Geschichte der historischen Gebäude. Am Weiterweg springt wegen seiner üppigen Bemalung das Haus »Bädli« ins Auge. Das Schild am Eingang lässt uns schmunzeln, es zeigt wohl die ursprüngliche Funktion dieses Hauses: »Allhier zum Bad«.
Pilger interessieren sich besonders für das Gasthaus Schäfle. Schließlich war es lange Zeit Pilgerherberge, früher als »Weißes Haus« auch Gerichtssitz des Neckertals. Wie viele Pilger mögen hier schon genächtigt haben? Bereits im 11. Jahrhundert vereinigten sich in St. Peterzell drei Pilgerrouten. Heute treffen hier der St. Gallerweg und der Appenzellerweg zusammen. Das Schäfle ist immer noch eine gute Adresse. In der ehemaligen Probstei ist ein »Haus der Stille« untergebracht, die Schwestern bieten Exerzitien und Meditationstage an. Natürlich können auch Pilger hier übernachten.

Wattwil und die Fazenda da Esperança

»Wattinwilare«, das Gehöft des Watto – diese frühe Siedlung im Toggenburg wird schon im Jahr 897 erstmals genannt. Die Kirche war Mutterkirche für die ganze Region und Wattwil eine große Durchgangsstation für Pilger, die rund um die Kirche in vielen Gasthäusern Unterkunft fanden. Doch auch in Wattwil verschob sich während der Reformation das Hauptgewicht auf die Reformierten. Danach wurde über lange Zeit die evangelisch-reformierte Kubli-Kirche von beiden Konfessionen genutzt. Erst 1967 baute man eine neue katholische Kirche. Reformierte und Katholiken halten sich in etwa die Waage.
Heute ist Wattwil der eigentliche Hauptort des Toggenburg und mit etwa 8500 Einwohnern auch der größte. Bereits im 19. und 20. Jahrhundert hatte sich der Ort zu einem bedeutenden Zentrum der Textilindustrie entwickelt. Nicht zu übersehen, dass es auch ein Bahn- und Busknotenpunkt ist.
Unser erster Weg führt zum Franziskanerinnenkloster St. Maria der Engel, von den Einheimischen liebevoll »das Chlöschterli« genannt.

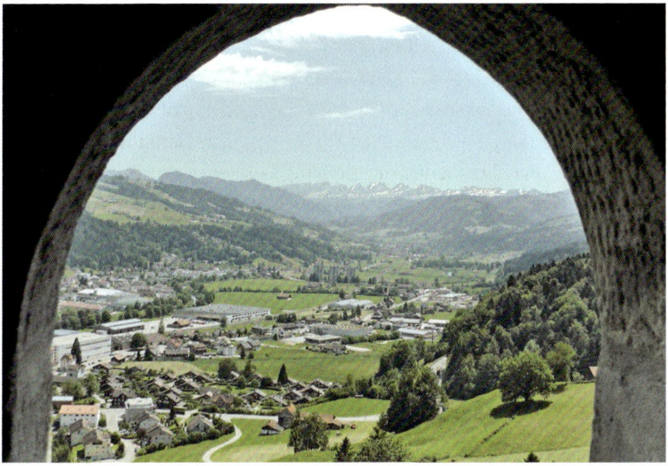

Blick auf Wattwil von der Burgruine Iberg

Von unserer ersten Pilgerwanderung durch die Schweiz haben wir das wunderschön gelegene Kloster auf der kleinen Anhöhe als »Insel des Friedens« in bester Erinnerung. Die Nonnen lebten nach dem Motto: »Gebet, Arbeit und Wohltun« und auch die Pilger profitierten davon.
Doch als wir diesmal vor dem Eingang stehen, empfängt uns ein großes Schild »Fazenda da Esperança« – ein Weg aus der Sucht. Wir erfahren, dass die letzten sieben Schwestern alle alt waren und der Nachwuchs fehlte. Sie mussten gehen, weil sie den Unterhalt der Anlage nicht mehr aufrechterhalten konnten, haben jedoch neue Plätze gefunden, in Pflegeheimen, anderen Gemeinschaften oder Klöstern, z. B. in Jakobsbad.
Aber was ist eine Fazenda? Eine Wohngemeinschaft, in der rund ein Dutzend junger Menschen nach erfolgreichem Drogenentzug gemeinsam leben und von Fachleuten begleitet werden. Das Konzept stammt aus Südamerika und baut auf drei Pfeilern auf: Leben in Gemeinschaft, Spiritualität und Arbeit. Nur wer »clean« ist, wird aufgenommen.
In den Räumen des ehemaligen Klosters hat die erste Schweizer Fazenda da Esperança für Männer Einzug gehalten. Die Gemeinschaft möchte das Erbe der Schwestern weiterpflegen, die fast 400 Jahre lang das Kloster mit Leben erfüllten. Sie betreut ein geistliches Zentrum im historischen Kloster, bietet Platz für zwölf Bewohner, betreibt eine kleine

Landwirtschaft und kümmert sich um das Gelände und die Klostergebäude. Die barocke Kirche wird gemeinsam mit der Pfarrei Wattwil genutzt. Die neuen Bewohner sind suchtkranke junge Männer – Alkohol, Heroin, Crack, Cannabis –, die nach einem körperlichen Entzug wieder Tritt im Leben gefasst haben. Sie wohnen hier mit Freiwilligen und Ehemaligen in Gruppen, setzen sich mehrmals in der Woche abends zusammen, erzählen von ihren Erfahrungen, den Freuden und den Schwierigkeiten. Sie kochen, waschen, arbeiten in der Bäckerei, bewirtschaften Hof, Stall und Garten und betreiben das geistliche Zentrum.
Die Schwestern fanden diese Art der Wiederbelebung ihres Klosters gut, da sie im Sinn der Kapuzinerinnen ist und dem Armutsideal des heiligen Franziskus entspricht, der schon vor 800 Jahren Ausgegrenzte angenommen und die Sorge für sie übernommen hat. Ja, wahrscheinlich haben die Schwestern recht. Es kann eine gute Gelegenheit sein, diesen alten Kraftort einem neuen Nutzen zuzuführen und junge Menschen positiv zu beeinflussen und zurückzuführen in ein sinnvolles und glückliches Leben. Wir hoffen, dass dieser besondere Ort und die vielen Gebete, die die Schwestern hier verrichteten, das ihre dazu beitragen. Jakobspilger sind willkommen, für sie wurden im Klostertrakt ein paar Zimmer eingerichtet.

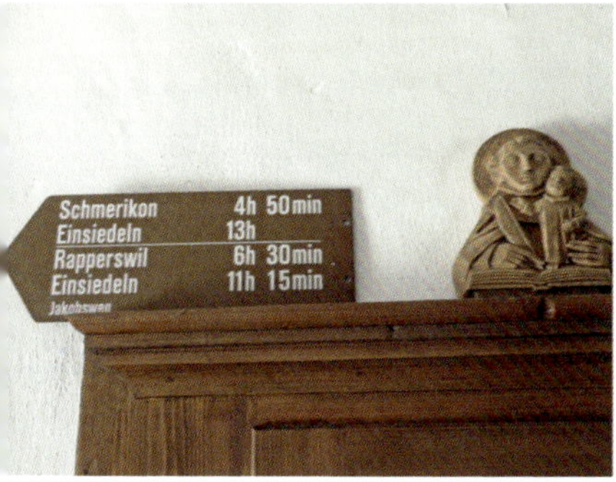

Origineller Wegweiser im Kloster

Beeindruckt und nachdenklich lassen wir uns eine Weile in den Bänken der Klosterkirche nieder, schauen uns wieder einmal den prächtigen barocken Hochaltar aus dem Jahr 1774 an und verlassen die Fazenda mit einem guten Gefühl.

Wegbeschreibung: Zweite Etappe

Wir starten die heutige Etappe an der **St. Laurentiuskirche**. Unser Pilgerweg führt am schmucken Rathaus vorbei in die Poststrasse. Gleich danach nimmt uns die **Schmiedgasse** auf mit ihren alten Holzhäusern, auch die einstige Herberge Zum Goldenen Sternen (Weisses Rössli) ist darunter. Über die »Alte Steig« und eine Treppe gelangen wir steil abwärts ins Tal der Glatt. Die große Straßenkreuzung überqueren wir geradeaus, biegen danach kurz links ab, durchqueren ein Firmengelände und steigen steil hinauf zum Bauernhof am **Büel**.

Auf dem nun folgenden aussichtsreichen Kammweg werden wir mit vielen Auf und Abs nach St. Peterzell wandern. Dieser Weg kann im Notfall oder bei Wettergefahr jederzeit relativ schnell – bevorzugt nach links – verlassen werden, wo es auch Gelegenheiten zum Rasten und Übernachten gibt. Wer allerdings das Glück hat, den Weg an einem schönen Tag zu begehen, wird mit unvergesslichen Ausblicken auf das Appenzeller Land und seine Berge Alpstein und Säntis belohnt.

Vom Büel aus wandern wir hinauf zum **Nieschberg**, die Bank bei der Zentenar-Linde lädt zur Rast und zum Rundumschauen ein. Danach leitet dieser herrliche Höhenweg über **Vollhofstatt** an alten Bauernhöfen vorbei zum Säntisblick. Weiterhin auf aussichtsreichem Weg schauen wir hinüber nach Schwellbrunn, mit 972 Metern die höchstgelegene Gemeinde im Kanton Appenzell Ausserrhoden. Beim Weiler **Risi** gehen wir an einem Betreuungszentrum vorbei und schnaufen zum Berggasthof **Sitz** (auf 1084 Metern) hinauf. Wir können unseren Durst löschen, uns an den bunten Blumenwiesen und dem fantastischen Blick in die

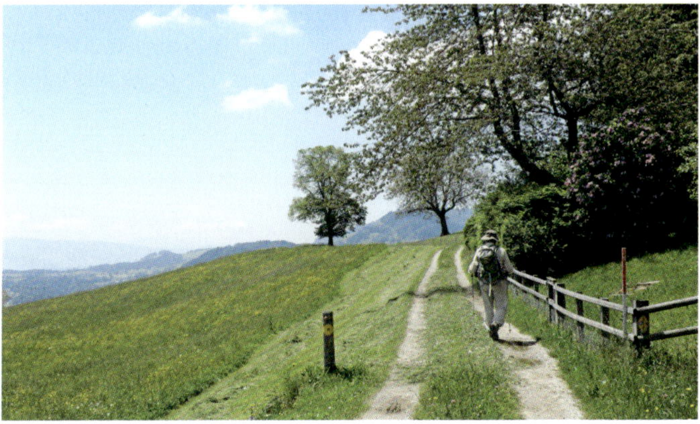

Höhenweg vor St. Peterzell

Berge erfreuen. Von hier aus erahnen wir auch den parallel verlaufenden Appenzellerweg, der am Kronberg vorbei über Urnäsch und Schönengrund nach St. Peterzell führt. Unser Weg verläuft immer in der Nähe des Kamms und bleibt aussichtsreich. Beim Gasthof **Landscheidi** kommen wir wieder in den Kanton St. Gallen und können uns später im Gasthaus **Chäseren** nochmals vor dem Abstieg hinunter nach **St. Peterzell** und ins Neckertal stärken.
Über die Hembergerstrasse verlassen wir St. Peterzell. Gleich nach der Brücke über den Necker zweigt unser Weg steil rechts hinauf zum **Büdli** und weiter nach **Hofstetten** mit seinen reich verzierten Bauernhäusern. Wir haben wieder die Höhe erreicht, in der wir hügelauf und hügelab bis kurz vor Wattwil wandern können. Der Weg ist gut markiert, dennoch sollten wir aufmerksam sein, weil er innerhalb der Feld- und Hofwege etliche Haken schlägt. Von Hofstetten geht es zunächst leicht abwärts in das Auengebiet von **Niderwil**. Unterhalb des letzten Bauernhofes verlassen wir bei einer scharfen Kurve die Fahrstraße geradeaus in einen kleinen Tobel, auf der anderen Seite geht es hinauf nach **Heiterswil**.
Wir wandern unterhalb des ersten Bauernhofes entlang und passen gut auf: Wir müssen überraschend scharf rechts in seine Zufahrt einbiegen und kurz nach dem Hof sehr steil nach links hinauf über eine

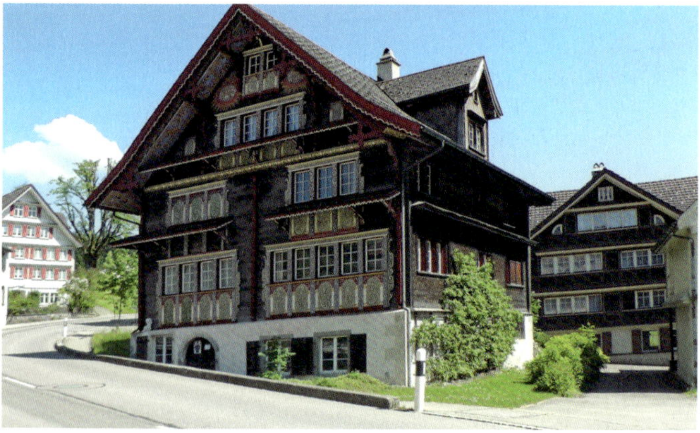

Rotes Haus, St. Peterzell

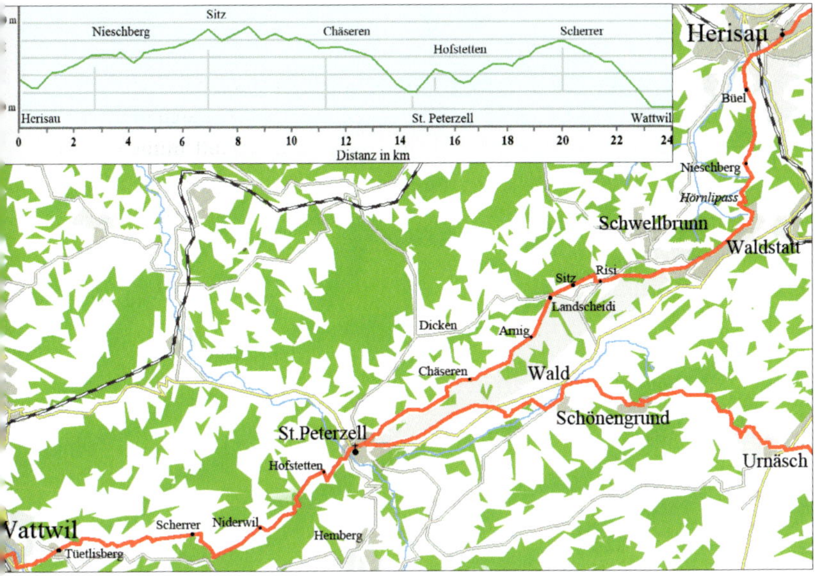

Wiese zum Waldrand steigen. Eine Bank gibt uns die Richtung vor. Oben treffen wir wieder auf eine Fahrstraße, der wir zum Gasthof Churfirsten am **Scherrer** folgen. Ihm können wir nicht widerstehen, er gewährte uns bereits zweimal Schutz vor einem schweren Gewitter. Diesmal geht jedoch alles gut. Von hier aus steigen wir in angenehmem Gefälle stetig bergab nach **Tüetlisberg**. Unterwegs wandert eine große Tüte würzig duftender Teeblätter aus einem netten Hofladen in unseren Rucksack. An den Häusern von Hofstatt vorbei überwinden wir mit stark geforderter Beinmuskulatur die letzten Höhenmeter hinunter nach **Wattwil**.

Weglänge: ca. 24 km
Übernachtungsmöglichkeiten: Schwellbrunn, Wald, St. Peterzell, Scherrer, Wattwil

http://www.hanna-jakobsweg.de/sjw/t01/r02.htm

VON WATTWIL NACH RAPPERSWIL

Burg Iberg

Der Abt von St. Gallen hatte um 1240 seine Dienstleute beauftragt, die Burg Iberg zu bauen. Von der Festung aus sollten die wichtigen Passübergänge über den Ricken und die Laad – und damit auch die Rechte des Abtes – gesichert sowie kriegerische Handlungen der Grafen von Toggenburg überwacht werden. Denn die Grundherrschaften der Grafen und die des Klosters St. Gallen lagen bunt durcheinander. Kein Wunder also, dass sie sich oft als Rivalen gegenüberstanden. So auch hier. Schon bald nach ihrer Fertigstellung wurde Iberg zum Zankapfel zwischen der Abtei und den Grafen. Graf Kraft I. eroberte die Burg, der Abt holte sie sich zurück, eine lange Zeit des Eroberns und Rückeroberns begann. Nach den Appenzellerkriegen war die Burg zerstört und wurde 1408 der Abtei St. Gallen zurückgegeben, die sie wieder herrichten ließ. Es folgten ein wenig friedlichere Zeiten.
Die Geschichte des Zerfalls begann um 1710, als es zu einer neuen konfessionellen Auseinandersetzung kam, die 1712 im Toggenburger-

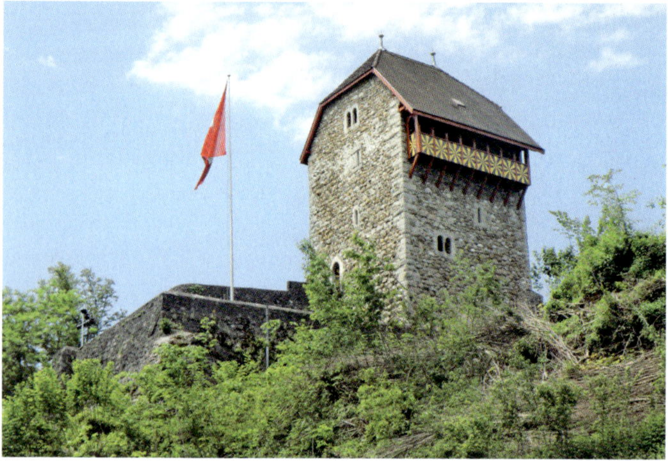

Die Burgruine Iberg bei Wattwil

krieg gipfelte. Im Friedensschluss von 1718 wurde die Burg wieder der Abtei St. Gallen zuerkannt, durfte aber nicht mehr befestigt werden. 1805 hob man die Klosterherrschaft auf und verkaufte die Burg an Private. Im 18. Jahrhundert war die Festung ein Wirtshaus, stand dann längere Zeit leer, wurde 1835 teilweise abgebrochen und verfiel zunehmend. Erst eine Schenkung an die Gemeinde Wattwil 1883 rettete das Bauwerk. Heute erinnert der im Jahr 1902 wiederaufgebaute Turm an die vergangenen bewegten Zeiten.
Die Ruine ragt auf einer Anhöhe südwestlich des Dorfes empor, der Jakobsweg führt daran vorbei und wir können nicht widerstehen, wieder einmal mittelalterliche Luft zu schnuppern. Ein Schild am Weg erzählt, dass bereits das um 1300 verfasste Einsiedler Itinerar die Burg als Monument am Pilgerweg erwähnt. Das Tor steht offen – im Inneren ist es ziemlich dunkel, wahrscheinlich stehen wir im oder über dem Kerker. Irgendwo hier sollen auch die Kirchenschätze des Klosters St. Gallen gelagert gewesen sein. Doch heute ist natürlich alles leer, über viele Stufen steigen wir bis zum obersten Ausguck und genießen das Panorama. Hell blinken die Churfirsten in der Sonne – wenigstens die Berge haben wir Menschen in all den Jahrhunderten nicht verändern oder zerstören können. Ebenso wie die mittelalterlichen Jakobspilger können wir uns von ihrer Größe beeindrucken lassen und uns daran erfreuen.

Über Laad- und Rickenpass nach Neuhaus

Und wieder stehen wir als Pilger vor einem Übergang, dem Laadpass auf 990 Metern Höhe. Westlich von Wattwil gelegen verbindet er das Toggenburg mit der Linthebene. Etwas tiefer verläuft der Rickenpass, beide werden von Pilgern seit langer Zeit begangen. Schon im 8. Jahrhundert gab es einen Saumpfad über den Pass, um St. Gallen mit den Orten am Zürichsee zu verbinden. Als auf Veranlassung der Fürstabtei St. Gallen der Pfad zu einer Karrenstraße zwischen Wattwil und Uznach ausgebaut werden sollte – im Kriegsfall hätte sie eine schnelle Verlegung katholischer Truppen ins Toggenburg ermöglicht –, kam es Anfang des 18. Jahrhunderts zu kriegerischen Auseinandersetzungen zwischen den Toggenburgern und der Fürstabtei, die aber keine rechte Einigung brachten. Man baute eine Fuhrwerkstraße und begann etwa zur gleichen Zeit mit dem Bau einer Kirche, um die Seelsorge der verstreut lebenden Bauernfamilien zu verbessern. Dank der neuen Straße florierte das Geschäft mit Rast und Übernachtungen. Das Dorf Ricken entstand, es besaß acht Gaststätten und Herbergen. Der etwas höher liegende Laadübergang verlor damit an Bedeutung.

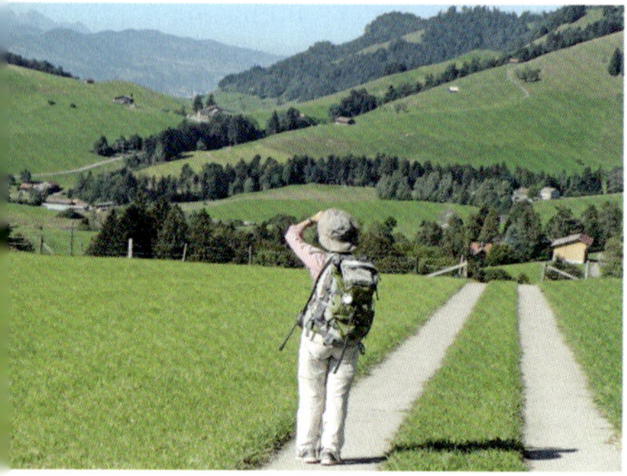

Unterwegs am Laadweg

Bei den vielen Auseinandersetzungen zwischen Katholiken und Reformierten in dieser Gegend mögen die Pilger damals so einiges an Ärger und Schmähungen abbekommen haben. Überall auf dem Weg stoßen wir auf Spuren der Jakobuswallfahrt: In Rüeterswil liegt direkt am Weg die St. Ursula-Kapelle mit den Holzfiguren von Jakobus dem Älteren und Johannes dem Täufer, die im 17. Jahrhundert geschaffen wurden. Außerdem hat man vom Dorf aus einen herrlichen Blick auf die Glarner Berge und den Zürichsee. Direkt daneben steht natürlich ein Gasthaus zur Stärkung der Pilger.

Im Dorf St. Gallenkappel an den Südwest-Abhängen des Rickenpasses, wo zwei alte Pilgerwege zusammentrafen, gab es vermutlich schon im 9. Jahrhundert eine Galluskapelle. Die heutige reich ausgestattete barocke Pfarrkirche, vom Architekten Jakob Grubenmann 1754 erbaut, ist den Heiligen Laurentius und Gallus geweiht, sie haben auch ihren Platz am Hochaltar: zwischen den Säulen die beiden Kirchenpatrone, außen die heiligen Bischöfe Konrad und Martin. Die Deckengemälde in ihren warmen Farbtönen stammen von Josef Ignaz Weiss aus Altusried, der auch für das Kloster Einsiedeln gearbeitet hat. Natürlich findet sich darunter auch St. Gallus mit dem Bären. Das Hauptgemälde im Langhaus stellt die Krönung Mariens dar. Der Überlieferung nach hat Weiss in dieser Kirche ein Kuriosum eingearbeitet: Im Gemälde »Vertreibung der Händler aus dem Tempel« an der Unterseite der Empore soll die hemdsärmelige Figur in der Mitte den Baumeister Jakob Grubenmann darstellen, mit dem der Maler wohl auf schlechtem Fuß stand.

Auch in Neuhaus steht seit dem Mittelalter hoch über dem Aatal eine Jakobskapelle. Schon von außen grüßt uns eine hölzerne Statue von Jakobus, im Inneren weist eine vergoldete Jakobsstatue nochmals auf den Patron der Kirche hin. Uns rettet die Kapelle vor einem wütenden Rottweiler, der uns verfolgt, wir haben ihn wohl in seinem Nachmittagsschläfchen gestört. Wir hasten eine steile Treppe hinauf, brechen oben beinahe zusammen. Doch Jakobus und seine Kapelle bieten uns Schatten und Stille, die wir dankbar annehmen, um langsam wieder zur Ruhe zu kommen. Auch solche Begegnungen »schenkt« uns der Jakobsweg.

Rapperswil am Zürichsee

Wie romantisch! Unsere letzte Station im Kanton St. Gallen ist eine »Rosenstadt«. Rosen enthält das Rapperswiler Wappen und mit Tausenden von Rosen empfängt uns die Stadt – im Rosengarten des Kapuzinerklosters, im Duftrosengarten und überall auf den Straßen und Plätzen. Fasziniert betrachten wir die Pracht, bleiben an der üppigen Schönheit und den leuchtenden Farben einer Blüte hängen, schnuppern ausgiebig daran – immer schon haben Menschen Rosen geliebt. Für was steht diese Blume nicht alles: »Blüte der Vergänglichkeit«, »Rad des Lebens«, »Rose der Zeit«, »Mantel der Venus«, um nur einige Bedeutungen zu nennen. Auf Hebräisch heißt Rose »Schoschana« – Susanna –, manchmal wird das auch als Lilie übersetzt, jedenfalls ist sie eine Art Urblume.

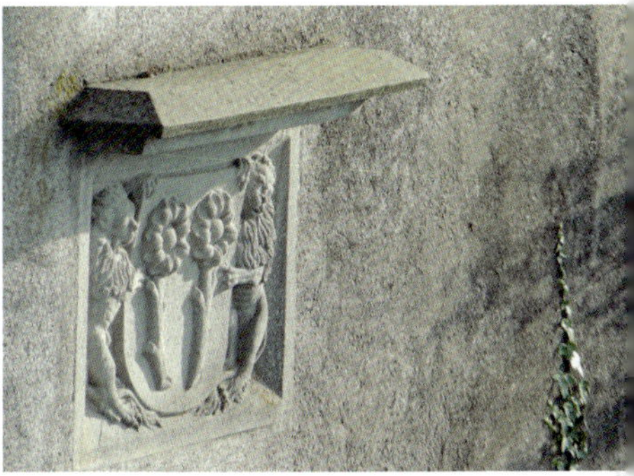

Wappen von Rapperswil am Heilig Hüsli

Friedrich Weinreb hat sich ausgiebig mit dem Geheimnis der mystischen Rose beschäftigt und warum sie mit ihren 13 Blütenblättern als Symbol für die Grundstruktur des Lebens gesehen wird: Zwölf deshalb, weil das Jahr zwölf Monate hat, das 13. steht für die nächste Stufe des Lebens in einer anderen Welt, der Kreis erhebt sich gleichsam zur

Windung wie die Spirale. In unserer realen Welt ist nur eine Windung sichtbar, die unterste. In der nächsten Windung ist das Leben zwar nicht mehr sichtbar, aber auch da. Als Symbol hat die Rose nicht den Kreis, sondern die Spirale, nur sie ermöglicht es, eine Ebene höherzusteigen. Die Rose ist auch Ewigkeits- und Gottessymbol, steht für das Mysterium des Ganzen. Finden wir sie deshalb so oft an den romanischen Kirchen des Pilgerweges in Stein gemeißelt? Kommt es daher, dass viele Menschen die Sehnsucht in sich tragen, das Leben zu verstehen, zu etwas in Beziehung zu setzen, das wir zwar spüren, für das wir aber keinen Begriff haben? Ein Symbol bleibt, das Leben – die Rose – kommt und vergeht.

Irritiert nehme ich die Augen von den Rosen, woher kommen diese philosophischen Gedanken? Aus einem ruhiger gewordenen Herzen nach längerem Unterwegssein? Zu welchen Einsichten werde ich auf dieser Pilgerreise noch gelangen?

Die Rosen von Rapperswil jedenfalls sind dem Dreirosenwappen der Grafen von Rapperswil nachempfunden. Dazu gibt es auch eine romantische Legende: Eines Morgens, als der Herr von Rapperswil mit seiner Frau und einigen Knechten beim Jagen war, spürten seine Hunde eine Hirschkuh auf und verfolgten sie. Als die Jäger näher kamen, entdeckten sie das Tier in einer Höhle unter einem Felsrücken. Neben der Hirschkuh lagen auch zwei Kälbchen. Da bekam die Frau Mitleid und überredete ihren Gatten, die Hirschkuh leben zu lassen. Als sich das Grafenpaar mittags im Wald ausruhte, schlich die Hirschkuh heran, legte ihren Kopf in den Schoß der Frau und bedankte sich damit für ihre Rettung. Vor lauter Rührung ließ der Graf die drei Tiere ins Gehege nach Altendorf bringen und dort pflegen. Außerdem beschloss er, auf dem Felsen eine Burg zu bauen und darunter eine Stadt zu gründen.

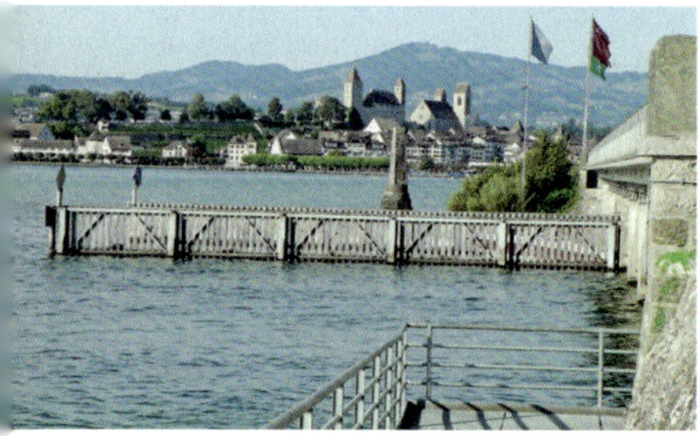

Blick zurück vom Holzsteg: Rapperswil mit Schloss

Die Burg wurde im 13. Jahrhundert von Vogt Rudolf von Rapperswil erbaut. Von hier aus konnte der Graf die Wasserstraße von Zürich zu den Bündnerpässen sowie die Pilgerströme zum Kloster Einsiedeln einfach überwachen. Am Fuß der Burg entwickelte sich die Stadt Rapperswil. Heute thront die Anlage hoch über der Altstadt. Von der Terrasse aus können wir einen wunderschönen Blick auf die Stadt, den See und den Etzel genießen und uns auf den Weiterweg freuen. Ein langer hölzerner Steg wird uns von Rapperswil nach Hurden und damit vom Kanton St. Gallen in die Innerschweiz, Kanton Schwyz, bringen.

Wegbeschreibung: Dritte Etappe

Die heutige Etappe ist mit 27 Kilometern ziemlich lang. Für alle Pilger, denen sie zu weit erscheint, bieten sich unterwegs diverse Übernachtungsmöglichkeiten an. Am **Bahnhof** Wattwil nehmen wir die Bahnunterführung und folgen auf der anderen Seite der **Rickenstrasse** bis zum Burghaldenweg. Unser Fußweg überquert zunächst die Ibergstrasse und wir erreichen durch eine kleine Ansiedlung steil aufsteigend den Pfad hinauf zur Burgruine **Iberg**. Nachdem wir uns als Burgbesitzer gefühlt und den weiten Blick ins Toggenburg und hinüber zu den Churfirsten genossen haben, steigen wir wieder hinab zur Fahrstraße und folgen ihr bergauf.

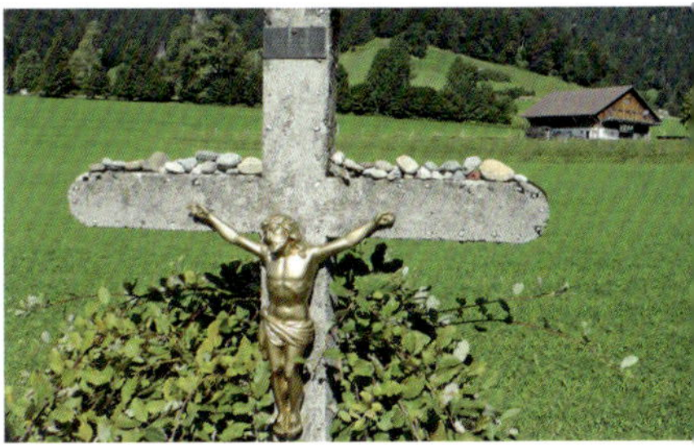

Zeichen am Weg

Wir wandern nun an blumengeschmückten Toggenburger Bauernhäusern vorbei, lesen interessiert die Sinnsprüche daran, verlassen immer wieder die Teerstraße und nehmen fußfreundliche Abkürzungen durch schattige Haine und Wäldchen hinauf zum Weiler **Schlossweid** und zur **Laad**. Bald danach erreichen wir den Hof **Heid** am Übergang des **Laadpasses**, freuen uns über das Rasthüttchen mit Pilgerbuch und den großen Kühlschrank voller Getränke, die unseren Wasserhaushalt wieder in Ordnung bringen.

Der Weiterweg leitet über Hinterlaad hinunter nach **Bodenwis.** Leider begleitet uns auf diesem Weg meistens lautstarker Gewehr- und Schusslärm, denn er führt am Schießplatz Cholloch – einem

Übungsgelände des Schweizer Militärs – vorbei. Hinter Bodenwis biegen wir scharf rechts auf die Fahrstraße ab, die hinauf zu den Häusern von **Oberricken** leitet. Kurz vor den Häusern von Äsch zweigen wir links in einen Fußweg ab, kommen durch ein kleines Waldstück wieder zurück auf die Straße und nach **Walde** hinein. Wir können uns in der barocken Kirche ein wenig ausruhen, bevor wir wieder die Teerstraße bis nach **Widen** benutzen müssen. Hier verlassen wir die Autostraße nach rechts hinauf zur Hofschaft **Höfli** und schlendern auf einem schönen Hangweg nach Allenwinden. Die Aussicht auf den Zürichsee öffnet sich, malerisch thront auf einem Hügelsporn 300 Meter über dem See das Frauenkloster Berg Sion. Auf einem alten Verbindungsweg wandern wir hinunter zur Ortschaft **Rüeterswil** mit der liebevoll hergerichteten St. Ursula-Kapelle. Wir begrüßen Jakobus und erfreuen uns an der farbenfrohen Ausschmückung der Kapelle, bevor wir über die Kirchbodenstrasse unseren Pilgerweg fortsetzen, der hinunter nach **Bezikon** und in einem weiten Bogen nach **St. Gallenkappel** hineinführt. Bei der Kirche überqueren wir die vielbefahrene Rickenstrasse und biegen anschließend in den Kirchweg ein, der hinter dem Ort angenehm am Waldrand entlang zu den Häusern im Aatal leitet. Über einen steilen Fußpfad steigen wir hinauf nach **Neuhaus** und zur Jakobskapelle.

Hier teilen sich die Wege: In südlicher Richtung gelangt man nach

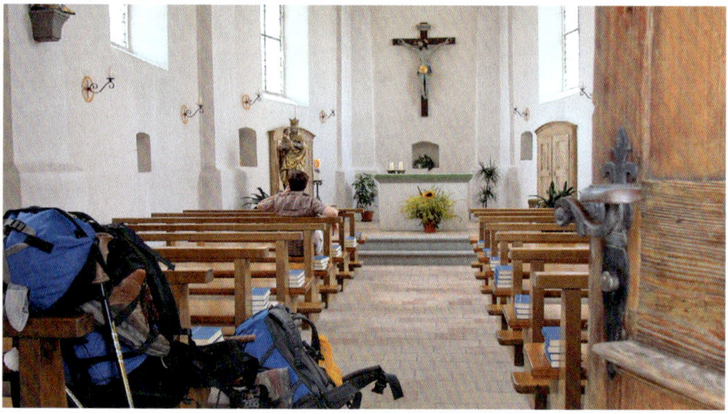

Bei Jakobus in Neuhaus

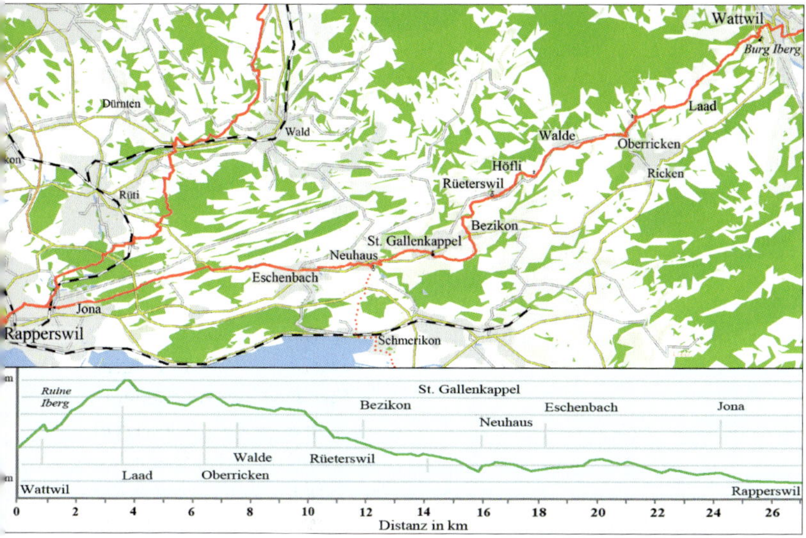

Schmerikon und über Lachen zum Etzelpass. Wir nehmen den Weg in die westliche Richtung – über Eschenbach und Jona nach Rapperswil und von dort zum Etzelpass: Von der Kapelle aus gehen wir geradeaus in den Kapellweg und biegen kurz darauf in die Lettenstrasse ein, auf der wir Neuhaus verlassen. Vor **Eschenbach** müssen wir wieder auf die Rickenstrasse zurück, ziehen auf ihr durch den Ort und über die Rütistrasse wieder hinaus. Über Feld- und Waldwege kommen wir über den Eggwald und den Weiler Egg an den Ortsrand von **Jona**, die Johannisbergstrasse leitet ins Zentrum. Über Neuhof-, Werk- und Hanfländerstrasse gelangen wir zur Attenhoferstrasse und über die Gemüsebrücke und die Kniestrasse zur großen Zürcherstrasse. Wir folgen dieser Straße 100 Meter nach links bis zu einer großen Kreuzung, erreichen die Halsgasse, die uns über die Kluggasse ins Zentrum zum Hauptplatz von **Rapperswil** bringt. Wir sind am Ziel unserer langen Etappe. Auch zur Pilgerherberge in der Seestrasse ist es nicht mehr weit.

Weglänge: ca. 27 km
Übernachtungsmöglichkeiten: Oberricken, Walde, St. Gallenkappel, Neuhaus, Eschenbach, Jona, Rapperswil
http://www.hanna-jakobsweg.de/sjw/t01/r03.htm

VON RAPPERSWIL NACH EINSIEDELN

St. Meinrad und der Etzelpass

Wie sind wir froh, nach schweißtreibendem Aufstieg endlich die Passhöhe des Etzel auf 950 Metern erreicht zu haben und uns in der nach dem heiligen Meinrad benannten Kapelle und im historischen Pilgergasthaus ausruhen zu können. Schon seit dem Mittelalter können Pilger in der Etzelkapelle Station machen, sie wird im 13. Jahrhundert erstmals erwähnt. 1698 hat man sie abgebrochen und nach Plänen von Caspar Moosbrugger neu aufgebaut. Die Deckenbilder und das zentrale Altarbild enthalten Szenen aus dem Leben des heiligen Meinrad. Das früher hölzerne Pilgerhaus geht auf das 14. Jahrhundert zurück, nach einem Brand wurde 1759 das heutige Gasthaus errichtet.

Meinrad – Meginrat – wurde um das Jahr 797 in der Nähe von Rottenburg in Baden-Württemberg geboren. Mit etwa fünf Jahren brachte ihn sein Vater zur Ausbildung in die Klosterschule von Reichenau, die damals hohes Ansehen genoss, und mit 25 Jahren wurde er dort zum Priester geweiht. Unter Abt Erlebald, seinem Onkel, legte Meinrad auch die Gelübde zum Benediktinermönch ab und der Abt schickte ihn als Lehrer in das Klösterchen Babinchova bei Benken am Zürichsee.

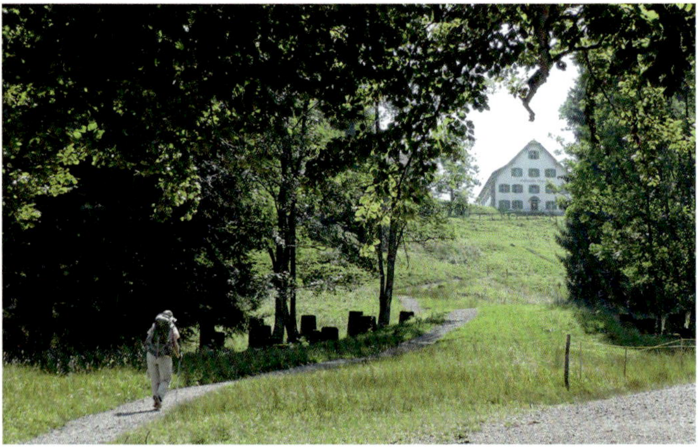

Die letzten Meter zum Etzelpass

Da er aber die Einsamkeit liebte, besonders den bewaldeten Hang des Etzelberges, wie er ihn am gegenüberliegenden Ufer jeden Tag vor sich sah, zog er sich 828 als Einsiedler auf die Höhe des Etzelpasses zurück.

Doch bald schon suchten Menschen von nah und fern den Einsiedler am Etzel auf, um seinen Rat zu holen und mit ihm über ihre Angelegenheiten zu sprechen. Deshalb verließ Meinrad nach etwa sieben Jahren den Etzel und zog sich weiter in den »Finstern Wald« zurück, um mehr Zeit für Gebet und Lesung zu haben. Am Rand einer kleinen Ebene sprudelte unter einem Hügel eine Quelle hervor, dort errichtete er eine Einsiedelei, an dem Ort, wo heute das Kloster Einsiedeln liegt. Die Äbtissin Heilwiga von Säckingen und andere Fromme halfen ihm beim Bau der Kapelle und seiner Behausung. Hier lebte er über 25 Jahre nach dem Vorbild der alten Wüstenmönche und sein Leben war von strenger Askese geprägt.

Meinrad war gastfreundlich und beschenkte die Armen. Sein Ruf verbreitete sich in der ganzen Gegend. Das war wohl auch der Grund dafür, dass ihn zwei Räuber aufsuchten, die bei ihm vermutete Schätze rauben wollten. Als er sie freundlich bewirtet hatte und ihnen zu verstehen gab, dass er sie durchschaue, fielen sie über ihn her und erschlugen ihn. Danach flohen die Mörder eilig, der Sage nach wurden sie von zwei zahmen Raben, die Meinrad aufgezogen hatte, bis nach Zürich verfolgt. Durch ihr lautes Krächzen wurden die Leute auf sie aufmerksam, man schaute nach, fand den Leichnam Meinrads, die Räuber wurden gefangen, verurteilt und hingerichtet. Abt Waldhar und die Reichenauer Mönche beerdigten Meinrad und verehrten ihn bald als Heiligen. Die beiden Raben wurden später ins Wappen von Kloster und Dorf aufgenommen.

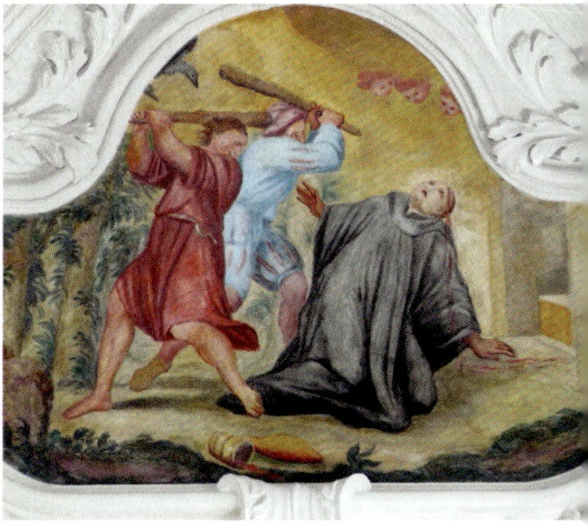

Deckenbild in der St. Meinrads-Kapelle am Etzelpass

Tüfelsbrugg und Paracelsus

Schon 1117 ließ der Abt von Einsiedeln, Gero von Frohburg, eine erste Brücke über die Sihl bauen. Sie wurde 1517 durch eine steinerne Brücke ersetzt, im 17. Jahrhundert erfolgte der Neubau mit hölzernem Dach und 1794 erhielt sie eine Kapellennische für den heiligen Nepomuk, der seitdem seinen Platz auf der Brücke hat. Ursprünglich war der Brückenbau notwendig geworden, um Steine für den Klosterneubau aus dem Steinbruch am Etzel nach Einsiedeln transportieren zu können.

Etwas oberhalb der Teufelsbrücke wurde 1493 der berühmte Arzt Theophrastus Bombastus von Hohenheim, Paracelsus genannt, geboren. Als Arzt, Feldchirurg und Hofalchemist war er wohl seiner Zeit weit voraus, sein Wissen und Wirken gelten als überaus umfassend. Seine legendären Heilungserfolge trugen ihm die erbitterte Gegnerschaft der etablierten Mediziner ein. Er hinterließ zahlreiche Aufzeichnungen und Bücher mit medizinischem, astrologischem, philosophischem und theologischem Inhalt, die aber größtenteils erst nach seinem Tod gedruckt wurden. Mit Humanisten wie Erasmus von Rotterdam und anderen pflegte er regelmäßigen Gedankenaustausch. Er setzte auf ganzheitliche Betrachtung und Therapie des Menschen, basierend auch auf der Medizin der heiligen Hildegard von Bingen. Er war der Meinung, dass man zur erfolgreichen Ausübung der ärztlichen Kunst neben der Gnade Gottes die Kenntnis und Beherrschung von vier Teildisziplinen benötigte. Dies sind die Philosophie (Weisheitsliebe), die Astronomie, die Alchemie und die Proprietas (Redlichkeit).

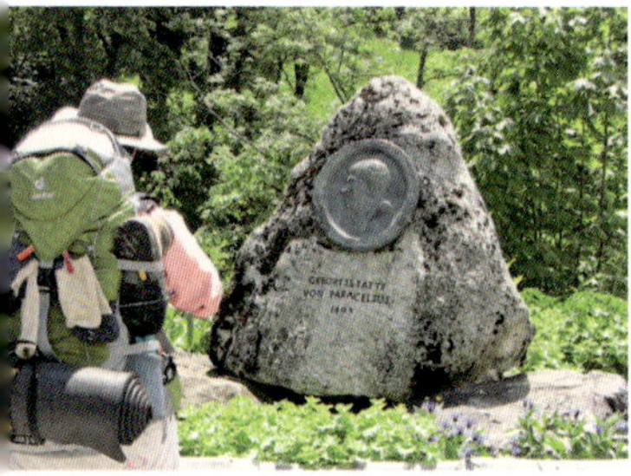

Paracelsusdenkmal vor der Tüfelsbrugg

Natürlich wurde er in seiner Zeit angefeindet, geschmäht und bedroht. Er starb mit 47 Jahren und seine Todesursache war lange umstritten (Quecksilbervergiftung). Dennoch darf er wohl als Begründer der Naturheilkunde gelten, der – neben der Schulmedizin – auch heute noch viele Menschen vertrauen.

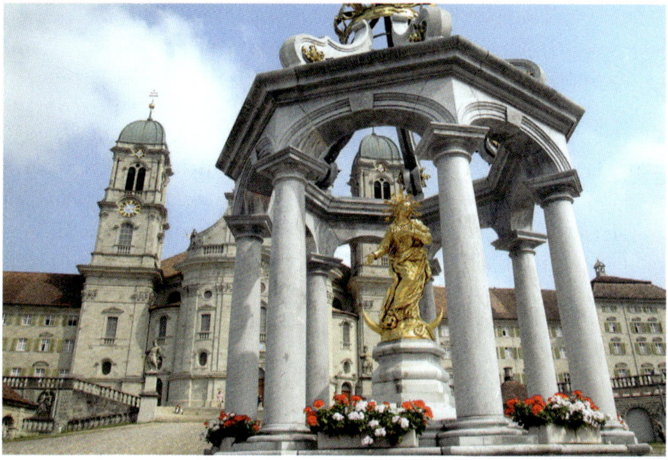

Liebfrauenbrunnen vor der Stiftskirche in Einsiedeln

Kloster Einsiedeln

Nach Meinrads gewaltsamem Tod suchten Besucher weiterhin Trost in seiner Zelle, obwohl sie für einige Jahrzehnte unbewohnt blieb. Anfang des 10. Jahrhunderts kam Benno, ein Domherr aus Straßburg, in den »Finstern Wald«, um mit einigen Gefährten ein Eremitendasein zu führen. Er fand die Meinradszelle baufällig vor, stellte sie und das Kirchlein wieder her, rodete Teile des Waldes und setzte sein Geld für die Gemeinschaft ein.

Im Jahr 934 kam Domprobst Eberhard von Straßburg in die Meinradszelle. Er brachte neben weiteren Brüdern ein großes Vermögen mit, begann mit dem Bau eines Klosters und fasste die Einsiedler zu einer benediktinischen Gemeinschaft zusammen. Benno überließ ihm die Führung als Abt. Beide gelten als Klostergründer. Am 24. August 948 wurde die erste Klosterkirche eingeweiht »zu Ehren der Muttergottes Maria und des heiligen Mauritius«. Aus dem Ort »zu den Einsidelen« wurde Maria Einsiedeln. Viele Wohltäter statteten das Kloster zur Sicherung seiner Existenz mit Grundbesitz aus. Kaiser Heinrich II. schenkte ihm 1018 den ganzen »Finstern Wald«.

Um die Einweihung der Kirche rankt sich eine schöne Legende.

Sie besagt, dass die erste Einsiedler-Kirche von Christus selbst geweiht wurde, von zahlreichen Engeln und Heiligen begleitet. Dieses Ereignis ist in den Fresken über der Gnadenkapelle festgehalten. Interessant ist, dass über die Engelweihe erstmalig Mitte des 12. Jahrhunderts Notizen entstanden, die im 14. Jahrhundert zu einer geistlichen Legende ausgearbeitet wurden.

Ob man wohl damit zum Ausdruck bringen wollte, dass Einsiedeln ein Gnadenort ist, an dem Gott gegenwärtig und wirksam ist – oder ob man die Bedeutung von Einsiedeln erhöhen und die Wallfahrtstätigkeit ankurbeln wollte? Vermutlich spielte beides eine Rolle. Jedenfalls wurde Einsiedeln berühmt, die Wallfahrer strömten von nah und fern herbei, das Kloster entwickelte sich zu einem der großen Marienheiligtümer des Abendlandes. Eine Konstanzer Chronik aus dem 15. Jahrhundert berichtet von 130000 Pilgern, die 1466 zum zwei Wochen dauernden Fest der Engelweihe gekommen waren, allein am Kirchweihtag sollen es 80000 gewesen sein. Sie kamen aus vielen Ländern Europas wie Deutschland, Frankreich, Italien, Spanien und Ungarn. 400 Priester hörten die Beichte der Pilger, sie war Bedingung für die Gewinnung eines Ablasses. Auf den Seen und Flüssen musste die Schifffahrt für die Pilger nach Einsiedeln reglementiert werden. Auch für die Pilger nach Santiago de Compostela war Einsiedeln Sammelpunkt und eine wichtige Station auf ihrer Reise. Bis heute wird alljährlich am 14. September, dem Tag der Weihe der Gnadenkapelle, das Fest der Engelweihe gefeiert, mit Pontifikalamt und einer Lichterprozession auf dem Klosterplatz.

Fünfmal sind Teile von Kirche und Kloster zwischen dem 11. und 17. Jahrhundert dem Feuer zum Opfer gefallen, immer wieder wurden sie aufgebaut und erweitert. Nur in der Zeit der Reformation gingen die Pilgerströme zurück, danach wurde Einsiedeln erneut zum religiösen Mittelpunkt der Katholiken und erlebte im 18. Jahrhundert eine zweite Blütezeit. Da die Zahl der Pilger auf 150000 im Jahr angestiegen war, benötigte man mehr Raum für sie. Eine nicht ganz leichte Aufgabe, denn die Gnadenkapelle durfte nicht angetastet werden. Aber mit dem Einsiedler Laienbruder Caspar Moosbrugger aus der Vorarlberger Bauschule stand ein ausgezeichneter Architekt zur Verfügung. Der Grundstein für die heutige Klosteranlage wurde 1703 gelegt. Die Klosterkirche konnte am 3. Mai 1735 eingeweiht werden.

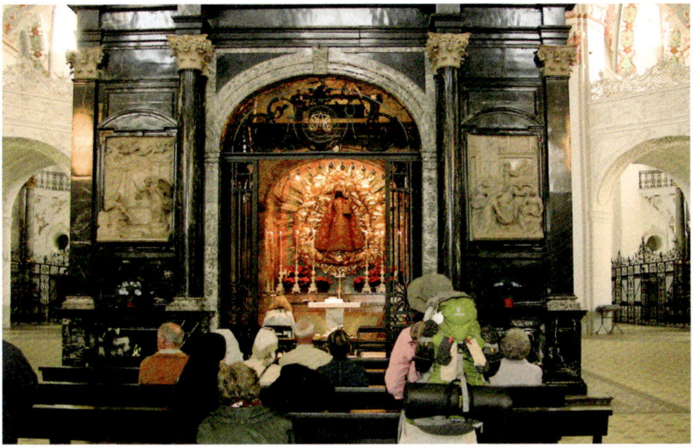

Am Gnadenaltar der Stiftskirche in Einsiedeln

Pilger, die heute den weiten, leicht ansteigenden Klosterplatz betreten, den der Architekt nach dem Vorbild des Petersplatzes in Rom geschaffen hat, sind beeindruckt von seiner theatralischen Kraft. Der Blick wird sofort angezogen von der doppeltürmigen Klosterkirche, die zu den bedeutendsten Barockbauten nördlich der Alpen gehört. In der Mitte des Platzes lockt zuerst der Liebfrauenbrunnen mit seiner vergoldeten Marienstatue. Entsprechend den 14 Nothelfern spendet er aus 14 Röhren heilkräftiges Wasser. Welch willkommene Erfrischung nach einem langen Pilgertag!

Gerne lassen wir uns dann von den beiden Arkadenflügeln in Empfang nehmen und die Treppe hinaufgeleiten zum Hauptportal der Klosterkirche. Schlagartig kehrt Ruhe ein: Wir befinden uns in einem achteckigen Raum, die Gnadenkapelle mit dem Bild der Schwarzen Madonna von Einsiedeln steht immer noch am Platz der alten Kapelle der Einsiedler. Wohltuende Stille und gedämpftes Licht umgeben uns. In den Bänken vor dem Altar knien in sich gekehrte Menschen, die ihre Sorgen der Gottesmutter anvertrauen. So sieht es in der Gnadenkapelle seit Jahrhunderten aus, sie hat dazu beigetragen, dass sich Einsiedeln zu einem der bedeutendsten Wallfahrtsorte an den großen Pilgerwegen durch Europa und nach Santiago de Compostela entwickelte.

An das Oktogon schließt sich das Langhaus an, große Kuppeln bestimmen das Kirchenschiff, unzählige Ein- und Durchblicke bringen uns zum Staunen, von den Bögen blicken Cherubim und Engel herunter, die Kuppeln nehmen irgendwie an Höhe zu und bannen den Blick nach oben. Das Deckenfresko ist das größte der Schweiz. Cosmas Damian Asam war es, der die herrlichen Fresken malte, während sein Bruder Egid Quirin Asam die Stuckaturen schuf. Stundenlang könnte man sich in der Kirche aufhalten. Uns hat es vor allem das Fresko in der Weihnachtskuppel angetan. Cosmas Asam gelang es, das Wunder der Heiligen Nacht eindrucksvoll einzufangen.

Es lohnt sich, in Einsiedeln einen Ruhetag einzulegen, um die alte Pilgeratmosphäre in sich aufzunehmen, vielleicht eine Führung durch Kirche und Kloster mitzumachen, dabei auch die sehenswerte Stiftsbibliothek des Klosters mit vielen alten Büchern und Handschriften zu besichtigen oder die klostereigene Pferdezucht oder ...

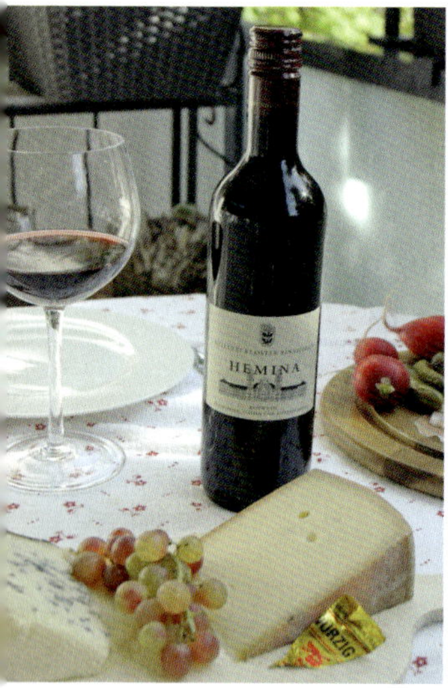

Eine Hemina im Klosterhof in Einsiedeln

Wir begeben uns nach einem Besichtigungstag in eine der umliegenden Gaststätten, um unseren Durst zu löschen, und lernen noch etwas dazu. Es wird eine Hemina Rotwein angeboten. »Hemina«, davon haben wir schon gehört, aber was ist das genau? Wir erfahren, dass es sich hierbei um ein altes römisches Hohlmaß handelt, mit einem Volumen von 0,274 Litern. Und warum wird die Hemina in Einsiedeln angeboten? Wegen der Mönche. Denn der heilige Benedikt hat in seiner berühmten Ordensregel für Benediktiner festgelegt: »Es ist dem Mönch aus Rücksicht auf die Schwachen nur der Konsum von maximal täglich einer Hemina Wein gestattet.« Viel ist das nicht gerade. Die Benediktiner waren jahrhundertelang führend in der Weinzubereitung und auch im Kloster Einsiedeln wird diese Tradition fortgesetzt. Unsere Heminaflasche Rotwein aus der Klosterkellerei sieht allerdings etwas größer aus – mundet aber ausgezeichnet ...

Wegbeschreibung: Vierte Etappe

Eine vielfältige und reizvolle, aber auch anstrengende Etappe liegt vor uns. Sie lässt uns zunächst zu Fuß über den Zürichsee wandeln, zeigt uns jedoch spätestens beim schweißtreibenden Aufstieg zum Etzelpass, ob und wie weit wir uns durch den bisherigen Weg bereits in guter körperlicher Verfassung befinden. Danach bietet sie Gelegenheit, sich auf gemütlichen Moorwegen wieder zu erholen und hält mit der St. Meinrads-Kapelle und dem Kloster Einsiedeln bedeutende Zeugnisse unserer abendländischen Geschichte und Kultur für uns bereit.

Unser Weg beginnt am **Hauptplatz** in Rapperswil und führt über die Fischmarktstrasse zum **Bahnhof** und auf den **Seedamm**, der das nördliche mit dem südlichen Seeufer verbindet. Wir unterqueren die viel befahrene Fahrstraße und die Bahngleise und gelangen bei einem kleinen Bootshafen auf den 2001 neu errichteten **Holzsteg**, mit einer Breite von 2,4 Metern und 841 Metern Länge der längste in der Schweiz. Seine Wegführung entspricht in etwa der mittelalterlichen Holzbrücke, die ohne Geländer und mit lose aufgelegten Holzbrettern bis zur Eröffnung des Seedamms 1878 bestand und bis dahin eine der wichtigsten Verkehrsverbindungen der Region war. Bei der ersten kleinen Insel stoßen wir auf das »Heilig Hüsli«. Die unter Denkmalschutz stehende Wegkapelle wurde 1551 anstelle einer früheren Holzkapelle in seiner heutigen Form errichtet und 2011 neu eingerichtet. Der Weiterweg führt uns über die Halbinsel der Gemeinde **Hurden** und nach **Pfäffikon** zum Bahnhof. Wir folgen den Bahngleisen ein Stück in westlicher Richtung, bis uns eine Unterführung den Weg nach Süden ermöglicht. Die Route über Bahnhofstrasse, Rebstockstrasse, Oberdorfstrasse und Römerrain lässt erahnen, dass ein steiler Anstieg bevorsteht. Vielleicht sollten wir vorher noch eine Trinkrast einlegen?

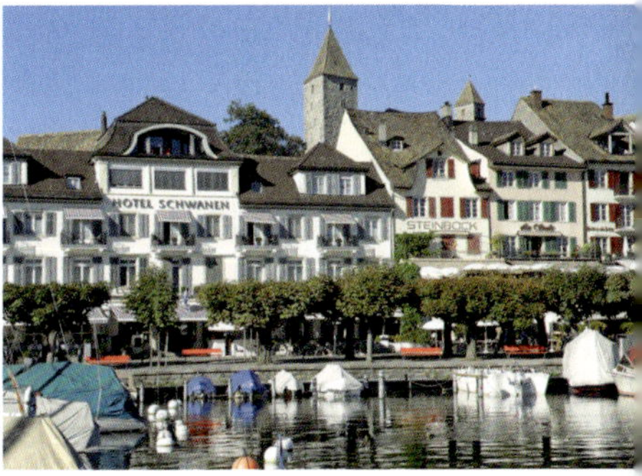

Die Seepromenade in Rapperswil

Der erste Aufschwung bringt uns zur Brücke über die Autobahn, dahinter biegen wir nach rechts ab und erreichen einen teilweise recht steilen Wanderweg. Er verläuft meist im Wald, kreuzt ab und zu die Etzelstrasse, ist gut geeignet, mehr nach innen zu schauen, und verhilft uns zu einem meditativen Aufstieg zu Gasthaus und Kapelle St. Meinrad auf dem **Etzelpass**.

Je nach individuellem Bedarf können wir uns zuerst seelisch in der Kapelle oder körperlich im Gasthaus erholen, bevor wir unseren Weg hinunter zur **Tüfelsbrugg** fortsetzen. Hinter der Brücke zweigen wir auf den Wanderweg nach rechts ab, er führt in einem großen Bogen ins Chlammeren-Gebiet hinauf und über eine Hochebene nach Süden zum **Galgenchappeli**. Ein offenes Schutzhüttchen – in der Innerschweiz »Gruebi« genannt – lädt zur Pilgerrast ein. Wir nehmen dies dankbar an, doch überkommt uns ein gruseliges Gefühl, als wir auf einer Tafel lesen, dass hier bis 1810 eine Kapelle stand und gegenüber der Straße das Einsiedler Hochgericht tagte. Die zum Tode Verurteilten erhielten in der Kapelle ihren letzten Segen. Die Bitte an die Wanderer, dieser armen Sünder zu gedenken, stimmt uns nachdenklich. Sie sollen mit Blick auf das nahe Kloster Einsiedeln gehängt worden sein. Die von hier aus besonders malerische Aussicht auf den Sihlsee konnten sie noch nicht haben, das Tal wurde erst 1937 geflutet. Der See hat erheblichen Anteil daran, dass die Sihl heute viel von ihrer Gefährlichkeit eingebüßt hat. Wir genießen wenige Meter weiter an der Mariensäule den Blick auf das Ziel unserer heutigen Etappe, das Kloster **Einsiedeln**. Es schmiegt sich in etwa zwei Kilometern Entfernung vor der beeindruckenden Bergkulisse der Mythen in eine Talsenke. Der Weg dorthin ist nicht zu verfehlen.

Weglänge: ca. 16 km
Übernachtungsmöglichkeiten: Hurden, Pfäffikon, Etzelpass, Einsiedeln

http://www.hanna-jakobsweg.de/sjw/t01/r04.htm

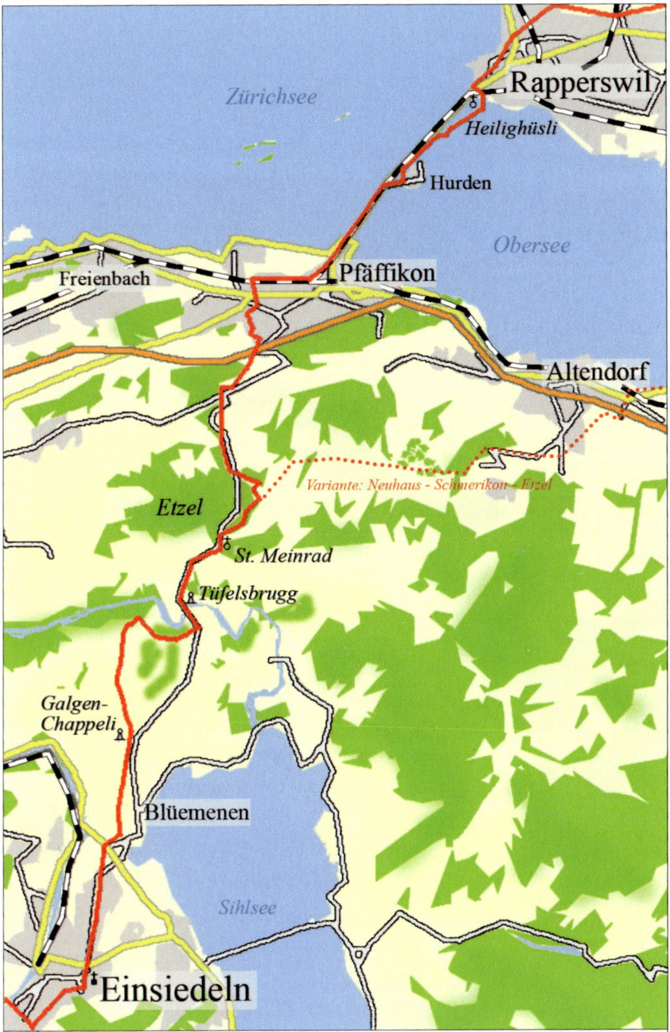
Zürichsee
Rapperswil
Heilighüsli
Hurden
Obersee
Freienbach
Pfäffikon
Altendorf
Variante: Neuhaus - Schmerikon - Etzel
Etzel
St. Meinrad
Tüfelsbrugg
Galgen-
Chappeli
Blüemenen
Sihlsee
Einsiedeln

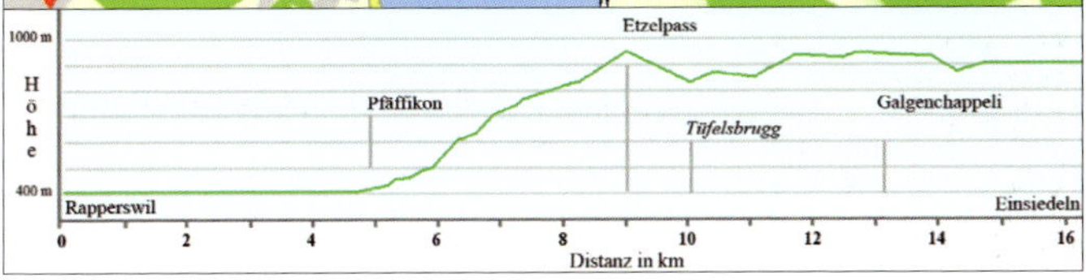
Etzelpass
1000 m
Höhe
400 m
Pfäffikon
Tüfelsbrugg
Galgenchappeli
Rapperswil
Einsiedeln
0
2
4
6
8
10
12
14
16
Distanz in km

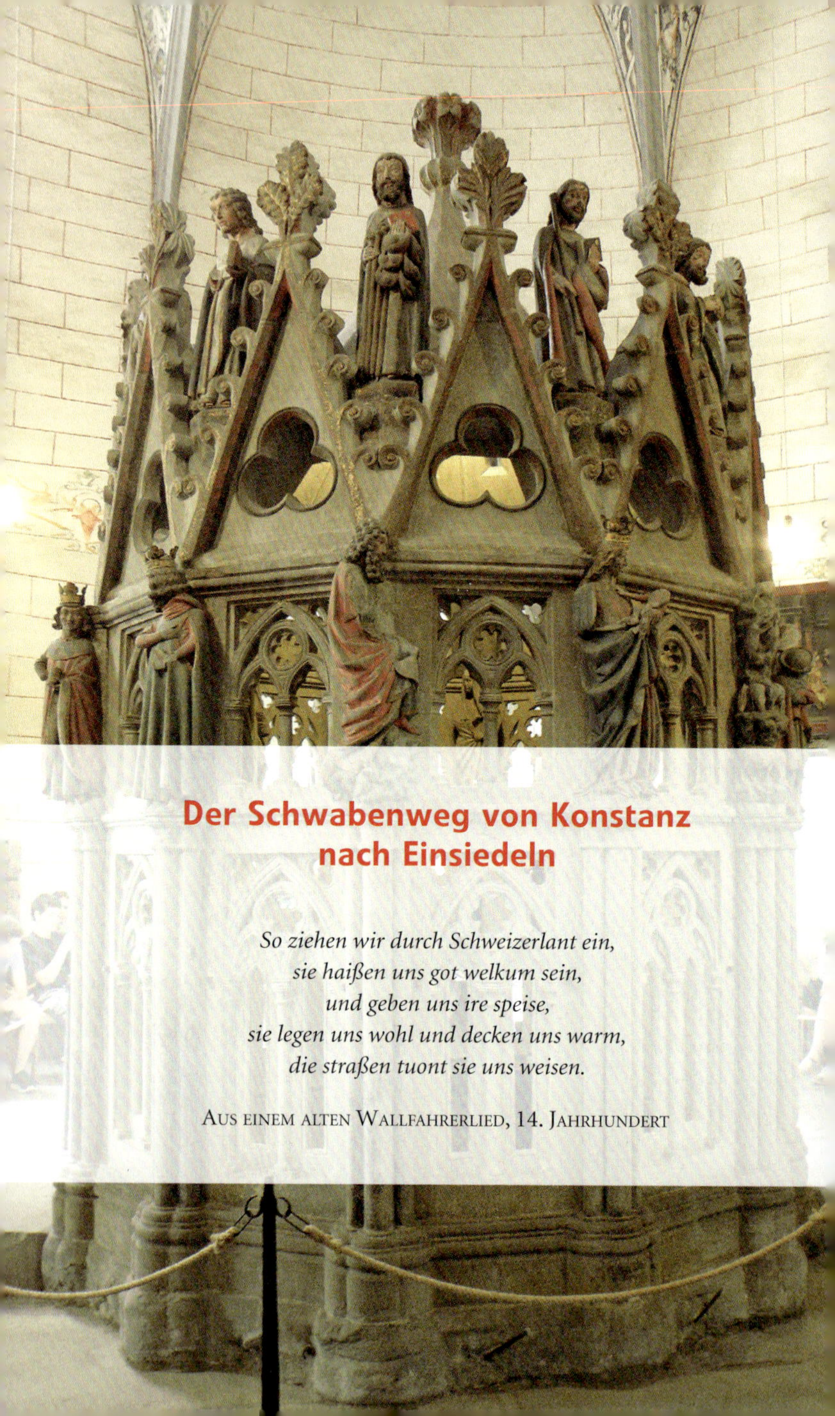

Der Schwabenweg von Konstanz nach Einsiedeln

So ziehen wir durch Schweizerlant ein,
sie haißen uns got welkum sein,
und geben uns ire speise,
sie legen uns wohl und decken uns warm,
die straßen tuont sie uns weisen.

AUS EINEM ALTEN WALLFAHRERLIED, 14. JAHRHUNDERT

VON KONSTANZ NACH TOBEL

Start in der Weltstadt des Mittelalters – Konstanz

Auch heute noch ist Konstanz die größte Stadt am Bodensee. Für Pilger lohnt es sich, einen Tag früher anzureisen, um diese lebhafte und pulsierende Stadt mit ihrem südlichen Flair ein wenig kennenzulernen und sich dabei innerlich auf den Pilgerweg vorzubereiten. Auch historisch Interessierte kommen voll auf ihre Kosten, denn Konstanz hat im Laufe seiner langen Geschichte so einiges erlebt!

Als unter Kaiser Augustus der Bodensee etwa 15 vor Christus für das Römische Reich erobert wurde, siedelten dort schon seit langer Zeit Kelten, vermutlich vom Stamm der Helvetier. Der Bodensee wurde zur römischen Nordgrenze und gehörte zur Provinz Raetia. Im Bereich des Münsterhügels in Konstanz entstand im 1. Jahrhundert eine kleine Siedlung, zwei Jahrhunderte später wurde sie mehrmals befestigt. Das spätrömische Steinkastell »Constantia« – nach dem römischen Kaiser Constantius – diente der Verteidigung gegen die germanischen Alemannen und zur Sicherung des Rheinübergangs.

Schon um das Jahr 600 wurde das Bistum Konstanz gegründet, im deutschen Sprachraum eines der flächenmäßig größten Bistümer. Im ausgehenden Mittelalter erstreckte es sich vom Gotthardpass im Süden bis nach Stuttgart im Norden, vom Rhein im Westen bis zur Iller im Osten und umfasste erhebliche Teile der heutigen Bistümer Augsburg, Freiburg, Rottenburg, Stuttgart (Deutschland), Feldkirch (Österreich), Basel-Solothurn, Chur und St. Gallen (Schweiz).

Bald nach der Gründung des Bistums entstand ein erstes Münster mit Bischofspfalz, daneben eine Fischer- und Handwerkersiedlung. Die Bischofsstadt entwickelte sich zur größten deutschen Diözese, die Bürgerstadt zu einem wichtigen Handelsplatz, was sie ihrer guten Lage an Wasserwegen und Fernstraßen verdankte. Bereits um 900 richteten die Bischöfe einen Markt ein und legten einen Hafen an. In wenigen Jahrzehnten konnte die Stadt ihre Fläche verdoppeln. Auch machte sie sich immer mehr vom bischöflichen Stadtherrn unabhängig.

Konrad von Konstanz, der Bischof des Bistums, wollte die Topografie von Konstanz derjenigen von Rom angleichen und ließ fünf Kirchen

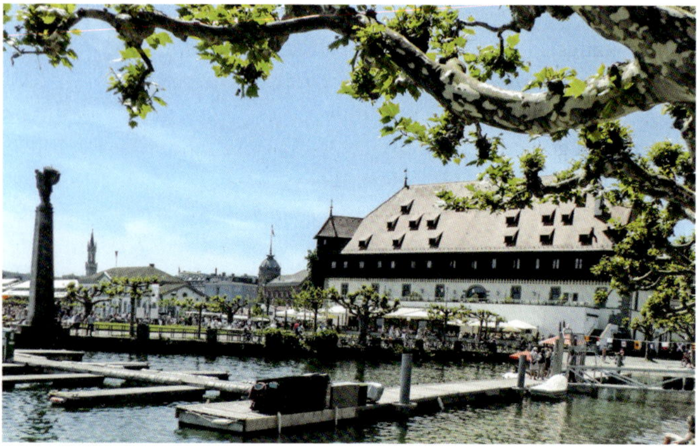

Ehemaliges Konzilsgebäude am Hafen von Konstanz

bauen bzw. erneuern. Außerdem hat er unter dem Eindruck seiner dreimaligen Jerusalemer Pilgerfahrt die Mauritiusrotunde am Münster errichten lassen, als Nachbildung der Grabeskirche in Jerusalem. Sie sollte als regionales Pilgerziel dienen, damit die Pilger keine weiten und gefährlichen Reisen mehr unternehmen mussten. Das ist allerdings nur bedingt gelungen! Seit dem Mittelalter ist das Münster mit der Mauritiusrotunde ein wichtiger Sammelpunkt der Jakobspilger auf ihrem langen Weg nach Santiago de Compostela.

Welch tragisches Schicksal die Stadt ereilen sollte, konnte Konrad von Konstanz zu seiner Zeit noch nicht erahnen. Denn zunächst entwickelten sich die Stadt der Bürger und die Stadt des Klerus gemeinsam, Mauer an Mauer. Konstanz war ab dem 13. Jahrhundert Freie Reichsstadt und zwischen dem 14. und 15. Jahrhundert eine der wohlhabendsten Städte Oberdeutschlands. Seine wirtschaftliche Bedeutung erreichte Konstanz vor allem durch die Textil- und Leinwandproduktion. Auf dem Höhepunkt ihrer Macht baute die Stadt 1388 am Hafen ein Kaufhaus – als Umschlagszentrum und Warenlager: das Konzilsgebäude. In diesem fand von 1414 bis 1418 das Konzil von Konstanz statt. Kardinäle, Bischöfe, Äbte, Fürsten und Gelehrte strömten in die Stadt, man zählte bis zu 30000 Gefolgsleute. Dass dabei Handel und Gewerbe aufblühten, ist kaum verwunderlich.

Im Konzilsgebäude fand allerdings nur die Papstwahl statt. Der eigentliche Sitzungssaal befand sich im heutigen Münster. Das Abendländische Schisma wurde durch die Absetzung der Gegenpäpste beendet, der tschechische Reformator Jan Hus hingerichtet und Martin V. zum neuen Papst gewählt. Es war die einzige Papstwahl nördlich der Alpen. Außerdem wurde Rom als Sitz des Papstes bestätigt.

Der Niedergang begann, als die Eidgenossen im Schwabenkrieg 1499 bis an den Bodensee vordrangen. Konstanz verlor sein Hinterland, die Reichsgrenze rückte bis unmittelbar vor die Stadttore. Als eine der ersten Städte schloss sie sich der Reformation an, das Bistum verlor dadurch fast zwei Drittel seiner Untertanen; der Bischof verlegte seinen Sitz nach Meersburg auf der anderen Seeseite. Das hatte den Verlust der Reichsfreiheit zur Folge. Unter der Herrschaft der Habsburger wurde aus Konstanz eine österreichische Provinzstadt. Schon 1785 erfolgte die Säkularisation der Klöster und 1796 brachten französische Revolutionstruppen die Stadt in ihren Besitz. Im Frieden zu Pressburg 1805 wurde sie dem Großherzogtum Baden zugeteilt. Das Bistum wurde 1821 aufgelöst. Heute ist Konstanz kultureller und wirtschaftlicher Mittelpunkt der Region. Eine Grenzstadt ist es geblieben.

Als Pilger interessiert uns natürlich besonders das Münster Unserer Lieben Frau mit der eigenwilligen Mauritiusrotunde, die im 14. Jahrhundert erneuert wurde. Wir erreichen sie über die Konradi-Kapelle und den Kreuzgang und stehen bewundernd vor dem zwölfeckigen Steinbauwerk des Heiligen Grabes, das ein unbekannter Meister 1260 geschaffen hat. Zwischen den dreieckigen Giebeln sind die zwölf Apostel untergebracht. Weil seine Symbole so eindeutig sind, entdecken wir Jakobus bald: Gleich acht Pilgerstäbe hält er in der Hand und sechs mit Muscheln verzierte Pilgertaschen! Ob er sie für »seine« Pilger bereithält, die von hier aus nach Santiago aufbrechen? Die Bibel trägt er nur einmal, genauso wie sein einmaliges Lächeln, mit dem er uns freundlich verabschiedet.

Auf dem Rückweg ins Hauptschiff entdecken wir noch einen Heiligen, der uns aus Weitnau im Allgäu bereits vertraut ist: Pelagius, er ist ja neben der Jungfrau Maria und Konrad Patron des Münsters. Sein Reliquiengrab ist in der Krypta untergebracht. An der Ostwand entdecken wir die berühmten Goldscheiben von Konrad und Pelagius sowie die Majestasscheibe. Vom Turm des Münsters aus kann man die besondere Lage der Stadt am Wasser gut erkennen, was uns noch zu einem kleinen Hafenrundgang animiert. Nur ein paar Schritte sind es zur Bürgerstadt und nicht weit zum ehemaligen Kaufhaus und Konzilsgebäude unmittelbar am Wasser. Am nahen Gondelhafen dreht sich auf dem Sockel des ehemaligen Leuchtturms die neun Meter hohe Steinfigur der Imperia. Ihren Namen hat sie von einer berühmten römischen Hetäre. Die kleinen nackten Figuren von Kaiser und Papst in ihren Händen sollen eine Beziehung herstellen zum Konstanzer Konzil, wegen der vielen Gefolgschaft waren auch viele »Hübschlerinnen« in die Stadt gezogen. Wir fragen uns, ob der Stadtteil »Paradies«, durch den wir ebenfalls schlendern, auch etwas damit zu tun hat, und erfahren, dass dieser Name von einem abgewanderten Kloster stammt. Also jedem sein kleines Paradies? Doch Gedanken dieser Art wollen wir uns als Pilger lieber verkneifen und begeben uns nun endgültig auf die Südseite des Münsters, wo ein wunderschöner weiß-blauer Wegweiser anzeigt, dass es bis nach Santiago 2340 Kilometer sind und wir Märstetten in etwa vier Stunden erreichen.

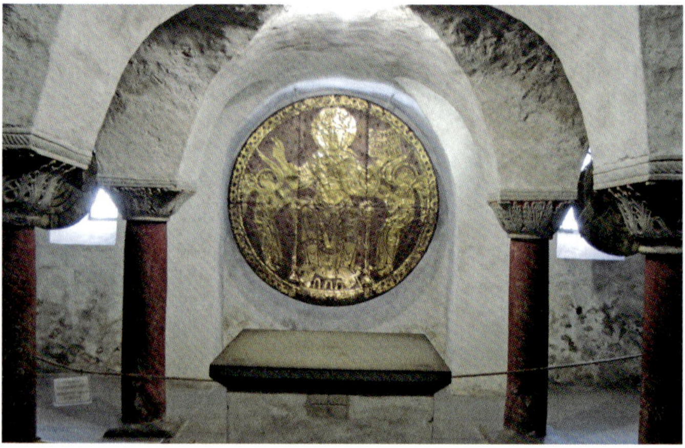

Majestasscheibe im Münster Konstanz

Durch das »Tor der Schweiz« in den Thurgau

Ohne die Zollstation wäre uns zunächst gar nicht aufgefallen, dass wir die Schweiz betreten haben, genauer gesagt den Kanton Thurgau – oder auch »Mostindien«, wie er gerne genannt wird wegen seiner ausgedehnten Obstgärten, in denen Äpfel und Birnen reifen, und der Form des Kantons, die der von Indien ähnelt.
Nach dem Grenzübergang pulsiert das städtische Leben ungezügelt weiter. Dabei bestand Kreuzlingen vor 150 Jahren nur aus 13 Häusern und dem Kloster St. Ulrich und Afra. Über einen langen Zeitraum hinweg war es mehr eine Vorstadt von Konstanz und »in die Stadt gehen« hieß: nach Konstanz gehen. Wir haben den Eindruck, dass heutzutage nach Konstanz gehen »einkaufen gehen« bedeutet. Denn bei unserem Bummel durch die Altstadt hören wir mindestens ebenso viel Schweizerdeutsch wie Hochdeutsch. Siedlungsspuren in diesem Gebiet gehen bis auf die Jungsteinzeit zurück, ebenso bezeugen Funde die Anwesenheit der Römer, später folgten Alemannen und Franken. Sie benutzten für dieses Gebiet erstmals den Namen Thurgau. Im frühen Mittelalter gehörte der Thurgau zum Herzogtum Schwaben. Im Hochmittelalter verwalteten ihn die Herzöge von

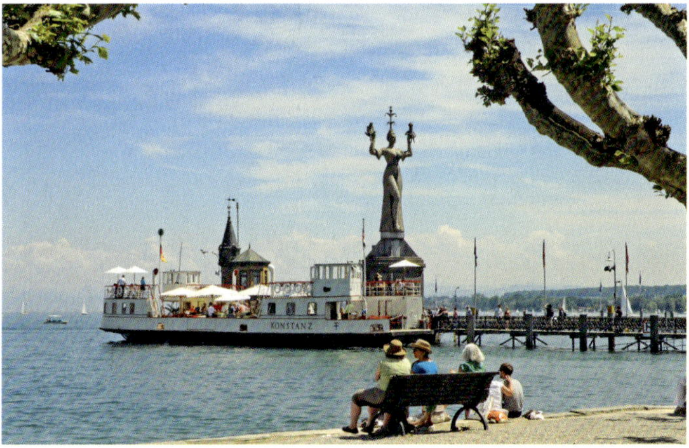

Hafen von Konstanz mit Imperiastatue

Zähringen, danach die Grafen von Kyburg, von 1264 bis 1460 stand er unter der Herrschaft der Grafen von Habsburg, wurde dann von den sieben eidgenössischen Orten erobert, das Landgericht verblieb bis 1499 bei der Stadt Konstanz. Seit 1803 ist der Thurgau selbstständiger Kanton der Schweizer Eidgenossenschaft.

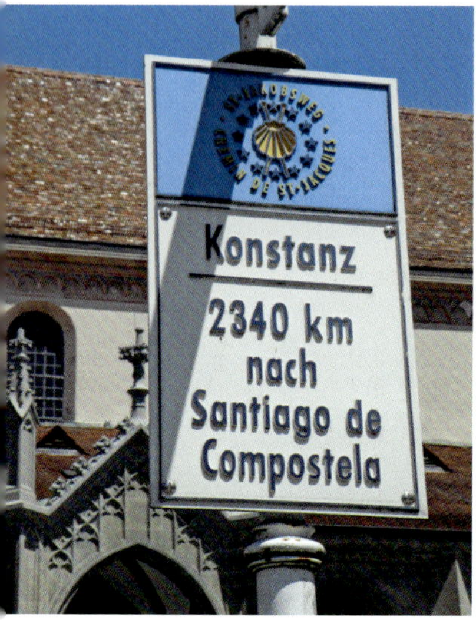

Wegweiser vor dem Münster in Konstanz

Kreuzlingen ist heute die größte Schweizer Stadt am Bodensee. Ihren Namen hat sie vom Augustinerstift »crucelin«, das 1125 vom Konstanzer Bischof Ulrich I. gegründet wurde. Der erste Bau stand nicht weit von den Konstanzer Stadttoren entfernt. Als im Dreißigjährigen Krieg die Schweden vom Kloster aus die Stadt beschossen, zerstörten die Konstanzer das Kloster und erlaubten den Neuaufbau nur »einen Kanonenschuss« weiter als bisher von der Stadt entfernt. Deshalb liegt es heute im historischen Kern von Kreuzlingen, die ehemalige Klosterkirche ist katholische Pfarrkirche, das Kloster beherbergt eine Schule.

Klosterkirche und Konventbauten entstanden im 17. Jahrhundert nach den Plänen von Michael Beer, im 18. Jahrhundert wurden die Kirche und Teile des Klosters im Rokokostil umgestaltet. Leider fiel ein großer Teil der Basilika 1963 einem Brand zum Opfer, anhand von Fotos hat man sie in nur vier Jahren rekonstruiert. Die Ausstattung des Rokoko in wunderbarer Farbenpracht ist gelungen, was besonders am Deckengemälde mit Szenen aus dem Ordensleben des heiligen Augustinus ersichtlich ist. Interessierte sollten nicht versäumen, sich die Ölbergkapelle anzuschauen. Etwa 250 Figuren aus Arvenholz, teilweise original erhalten, erzählen in bewegten Szenen die Passion Christi. Auch das kostbare Gnadenkreuz aus dem 14. Jahrhundert hat die Zeiten überdauert. Das Deckengemälde zeigt Moses mit der Schlange.

Die Heiligkreuzkapelle in Bernrain

»Im Jahre 1384 stiegen ein paar Knaben aus der Vorstadt Stadelhofen hinauf in den Wald bei Bernrain, um Holz zu holen. Als sie es gesammelt hatten und heimtragen wollten, kamen sie zu dem Kreuz unseres Herrn auf Bernrain und legten die Bündel ab, um auszuruhen und zu spielen. Da stand ein Knabe auf, er hieß Schapperer, griff den Heiland an der Nase und sprach: Herrgott, lass dich schneuzen, so küss ich dich um so lieber. Und wie er dies gesagt, blieb seine Hand an der Nase des Gekreuzigten haften. Als die anderen Knaben das sahen, liefen sie entsetzt hinunter in die Stadt und erzählten es seiner Mutter. In ihrer Not rief sie den Pfarrer von St. Stefan herbei, die Nachbarn und andere ehrbare Leut. Betend zogen sie hinauf nach Bernrain und sahen das Zeichen. Da rief die arme Frau gar inniglich den allmächtigen Gott und die Mutter Maria an, auch versprach sie sieben Wallfahrten nach Einsiedeln. Da war der Knabe frei.«
So gibt eine Tafel am Eingang der kleinen Kapelle, die 1388 an dieser Stelle errichtet wurde, die Legende von der Entstehung der Heiligkreuzkapelle wider. Im Kirchenschiff erzählt ein großes Ölgemälde von ihr. Die Kapelle entwickelte sich zur Wallfahrtskirche der Konstanzer und

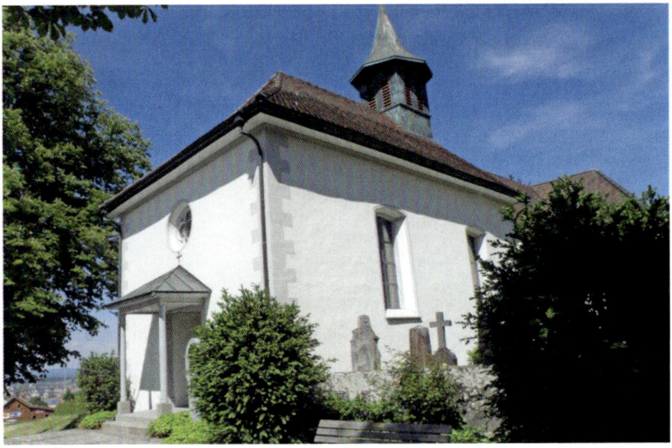

Die Heiligkreuzkapelle in Bernrain

noch heute pilgert die Pfarrei St. Stefan jedes Jahr am 14. September zum »Wunderkreuz« von Bernrain, das heute auf dem Tabernakel des Altars steht. Zum 600. Geburtstag 1988 wurde die Kapelle komplett renoviert. Vor dem kleinen Kirchlein können wir bei gutem Wetter nochmals einen Blick auf den Bodensee genießen und uns von ihm verabschieden.

Die alte Johanniterkomturei Tobel

Schon fast 800 Jahre gibt es die Johanniterkomturei. Sie wurde von Graf Diethelm I. aus dem Ostschweizer Adelsgeschlecht der Toggenburger 1228 gegründet. Dies soll ein Sühneakt für einen schändlichen Brudermord gewesen sein. Tobel war die erste Klostergründung einer ganzen Reihe, in den nächsten 30 Jahren folgten im Thurgau neun weitere. Da die Komturei an der Pilgerstraße nach Einsiedeln lag, kümmerte sich der Ritterorden vorwiegend um die Betreuung und Pflege kranker Pilger. Ungewöhnlich war auch, dass Brüder und Schwestern gemeinsam ihren Dienst taten. Die Komturei wuchs rasch, durch Kauf und Schenkungen kamen bis zum 15. Jahrhundert viele Besitztümer dazu und Tobel wurde zu einer der mächtigsten Komtureien im Bereich des heutigen Kantons Thurgau.

Das Ritterhaus stand ursprünglich oben beim Turm, in seinen Mauern die Kirche. Sie war Johannes dem Täufer geweiht. Doch während der Appenzellerkriege und der Reformation, die auch an Tobel nicht spurlos vorübergingen, wurden die Gebäude der Komturei beschädigt. Die Bevölkerung schloss sich teilweise dem reformierten Glauben an, sie meinte, dass man die Priester lieber gleich heiraten lassen sollte, wenn sie den Zölibat sowieso nicht einhielten. Der katholische Gottesdienst wurde eingestellt und die Altäre entfernt. Nach der zweiten Schlacht bei Kappel 1531, in der Zwingli fiel und die Katholiken siegten, stellte man im Thurgau die katholischen Ordenshäuser und Kirchen wieder her. Tobel bekam einen neuen Komtur, Teile der Komturei wurden wieder katholisch, andere blieben evangelisch. Tobel musste nun katholische und evangelische Pfarrer einsetzen.

Im 18. Jahrhundert war die Komturei so baufällig, dass man sie am Fuß des Hügels, auf dem der Turm stand, neu errichtete. Sie diente vor allem der Versorgung von Malteserrittern aus dem süddeutschen

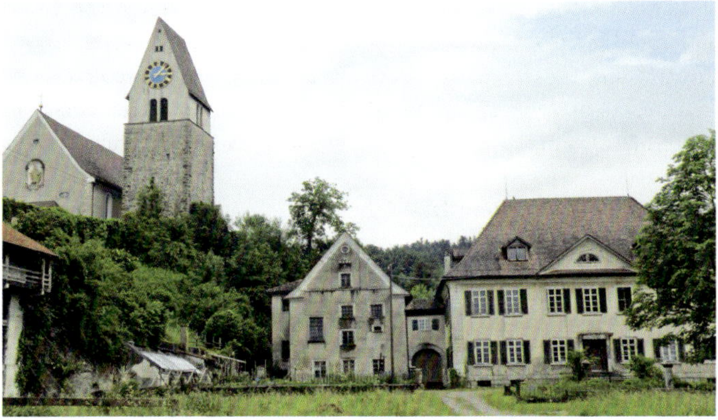

Johanniterkomturei und Kirche St. Johannes in Tobel

Adel. Auch die Pfarrkirche wurde abgebrochen und neben dem alten Wehrturm wieder aufgebaut. Als die Franzosen 1798 die Schweiz besetzten, bedeutete dies das Ende der Johanniterherrschaft in Tobel. 1806 wurde die Komturei aufgehoben und 1809 vom Kanton Thurgau übernommen, der eine Strafanstalt darin unterbrachte, die bis 1973 bestand. Danach hat man mehrere Gebäude abgerissen. Seit 2004 bemüht sich der Verein »Komturei Tobel« um eine sinnvolle Nutzung der Gebäude und erhielt vom Kanton dafür ein Stiftungsvermögen. Als erstes Projekt konnte 2007 die Pilgerherberge wiedereröffnet werden.

Bevor man die Komturei so richtig wahrnimmt und zu Kirche und Turm hinaufsteigt, weist ein großer hölzerner Wegweiser mit einer Muschel zur Pilgerherberge. Über eine kleine Holzbrücke gelangt man zu dem schönen alten Fachwerkbauernhaus. Einladend und heimelig sieht es aus. Wir lassen uns auf der kleinen Holzbank davor nieder und bedauern, an diesem Tag schon ein anderes Quartier reserviert zu haben.

Auf dem Hügel neben dem Pfarrhaus und vor der Kirche bewundern wir ein Labyrinth aus Steinen. Der Pfarrer erzählt uns, dass es zusammen mit den Kindern der Gemeinde angelegt worden ist, die jeden einzelnen Stein fantasievoll und mit unterschiedlichsten Motiven bemalt haben. Es macht Freude, genauer hinzuschauen. In den Fenstern der Pfarrkirche finden wir auch unseren Pilgerpatron Jakobus.

Das Wappen der Gemeinde Tobel-Tägerschen bewahrt mit dem Johanniterkreuz die Erinnerung an den Ritterorden, der so lange in der Gemeinde wirkte.

Wegbeschreibung: Erste Etappe

Wie schon die Pilger im Mittelalter verabschieden wir uns in der Mauritiusrotunde im **Konstanzer Münster** von Jakobus, nehmen sein aufmunterndes Lächeln und symbolisch auch einen seiner Pilgerstäbe zur Unterstützung mit auf den Weg.

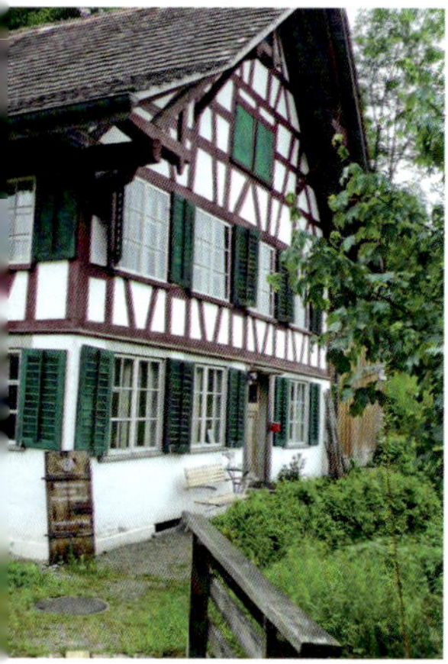

Pilgerherberge in Tobel

Unseren Schwabenweg starten wir auf der Südseite des Münsters, am **Pfalzgarten**. Hier stimmt der erste der hübschen weiß-blauen Wegweiser die Pilger darauf ein, welche Entfernungen sie erwarten. Vom Pfalzgarten wechseln wir nach rechts in die »gute Stube« von Konstanz, die Wessenbergstraße. An der Stephanskirche vorbei gelangen wir über die Hussenstraße und das ehemalige Haus von Jan Hus zum **Schnetztor** aus dem 14. Jahrhundert, einem von drei noch erhaltenen Wehrtürmen der mittelalterlichen Stadtbefestigung. Wir überqueren die Hauptstraße und folgen gegenüber einige Meter der Kreuzlinger Straße bevor wir nach rechts in die Emmishofer Straße einbiegen. Diese führt uns zur **Schweizer Grenzstation**, die wir problemlos nach Kreuzlingen passieren. Unser Schweizer Jakobsweg-Abenteuer kann beginnen.

Hinter der Grenze beginnt die Konstanzerstrasse, auf der wir bis zum Bahnhof bleiben. Wir gehen durch die **Bahnunterführung**, zweigen rechts in die Rheinstrasse ab und wenden uns bei der nächsten Kreuzung nach links in die Weststrasse. Auf einem Wiesenweg umrunden wir einen Industriekomplex und kommen auf die Unterseestrasse. Nach 50 Metern nach rechts setzen wir unseren Weg in die Esslenstrasse fort. Bei einer Straßengabelung wenden wir uns nach links in die Schmittenstrasse, gleich darauf nach rechts in die Mühlestrasse. Der

bewaldete Talweg des Saubachs leitet auf Waldwegen und über erste anstrengende Treppenstufen hinauf zur Wallfahrtskapelle **Bernrain**.
Gegenüber der Kapelle müssen wir aufpassen, der Weiterweg führt südlich direkt in den Wald. Der schattige Pfad leitet in zwei rechten Abbiegungen auf die Kreuzlingerstrasse kurz vor **Schwaderloh**. Auf Feldwegen und Ortsverbindungsstraßen kommen wir zu den Häusern von **Gäbelschhuuse** und hinter den Fortibach-Weihern nach **Ellighausen**. An der Kreuzung zweigen wir rechts auf einen Flurweg ab (Alte Poststrasse), der uns durch Bauernland nach **Lippoldswilen** bringt. Bei der Straßengabelung in der Ortsmitte gehen wir zuerst wenige Meter nach links, nehmen dann rechts den Feldweg und steuern den Waldrand an. Von dort geht es zuerst nach rechts, dann durch den Wald in ein Flusstälchen. Wir queren Laub- und Chemebach und steigen hinauf zum Bauernhof **Entemos** und weiter zum Gehöft **Riet**. Die kleine Bar »El Santiago de Compostela« lockt mit Erfrischungen, bevor wir dem Flurweg Richtung Südwesten hinauf zum kleinen Ort **Wald** folgen. Die Schilder hinter dem letzten Haus weisen nach rechts, in einem Linksbogen parallel zur Fahrstraße setzen wir unseren Weg fort und erreichen nach einem kleinen Waldstück die Zufahrtsstraße nach **Märstetten**. Wir überqueren sie und wandern durch ein kleines Gewerbegebiet bis zur Fahrstraße, die rechts zum Bahnhof Märstetten führt.

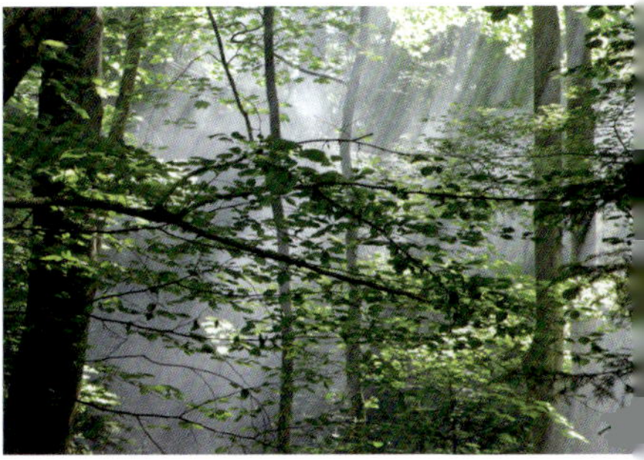
Talweg am Saubach nach Bernrain

Pilger, die in Märstetten übernachten wollen, gelangen auf einer der Zufahrtsstraßen hinter Wald in den Ort und zur Pilgerherberge. Die spätgotische Kirche ist dem heiligen Jakobus und der heiligen Verena geweiht. Innen birgt sie mittelalterliche Fresken, u.a. die Darstellung des »Jüngsten Gerichts«. Der Turm mit seiner astronomischen Sonnenuhr ist von weither sichtbar. Wer weitergeht, biegt links in die Straße nach Weinfelden ein, um die etwa 200 Meter entfernte Bahnunterführung zu erreichen. Dahinter verlassen wir scharf links die Fahrstraße und setzen unseren Weg auf Wald- und Feldwegen bis nach **Amlikon** fort, das wir nach einer Brücke über die Thur erreichen. Nachdem wir die schönen alten Fachwerkhäuser (hier heißen sie Riegelhäuser) ausgiebig bewundert haben, biegen wir nach links in die Hünikonerstrasse und in ein kleines Tal ab. Über **Hünikon**, **Holzhäusern** und **Maltbach** erreichen wir den Weiler **Kaltenbrunnen**. Links am Wegrand zieht uns die barocke Jakobskapelle an. Ihr Vorläufer wurde bereits 1661 von einem Kaltenbrunner Bürger gestiftet. Der aktuelle Bau stammt aus dem 18. Jahrhundert. In den Glasfenstern im Chor bewundern wir unseren Pilgerpatron Jakobus und den Johannes.

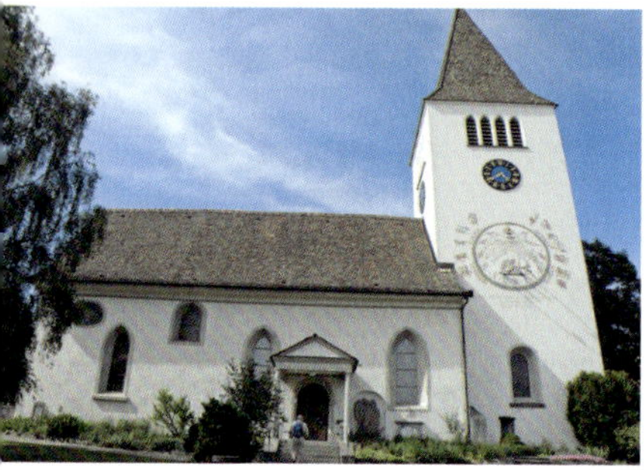

Kirche St. Jakobus und Verena, Märstetten

Froh darüber, hier die viel befahrene Autostraße verlassen zu können, folgen wir den Muschelschildern in einen ruhigeren Weg, der uns hinunter an den Ortseingang von **Affeltrangen** führt. Hinter einer kleinen Wohnsiedlung weichen wir nach rechts und gleich danach links auf Feldwege aus und umgehen so den lang gestreckten Ort. Links vor uns grüßt von einem Hügel schon die Pfarrkirche von Tobel herüber. Beim Bauernhof **Flügenegg** zeigt uns ein wunderschöner Jakobswegweiser, dass wir uns auf dem richtigen Weg befinden. Es sind allerdings immer noch 2315 Kilometer. Geradeaus über Flurwege geht es weiter. Wer nach dieser langen Etappe in **Tobel** übernachten möchte, quert nach links in den Ort hinein, kann die Johanniterkomturei und die Pfarrkirche besichtigen und in der Pilgerherberge übernachten.

Weglänge: ca. 27 km
Übernachtungsmöglichkeiten: Konstanz, Kreuzlingen, Märstetten, Amlikon, Affeltrangen, Tobel

http://www.hanna-jakobsweg.de/sjw/t01/k01.htm

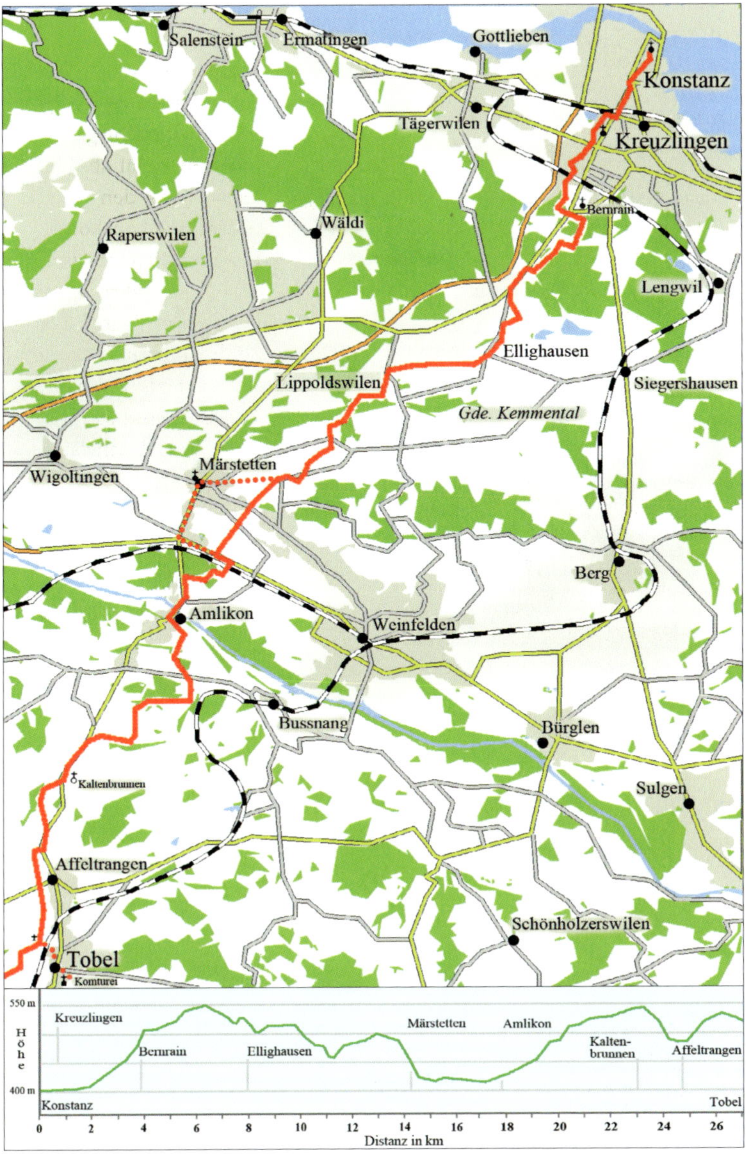

Salenstein
Ermatingen
Gottlieben
Konstanz
Tägerwilen
Kreuzlingen
Bernrain
Wäldi
Raperswilen
Lengwil
Ellighausen
Lippoldswilen
Siegershausen
Gde. Kemmental
Märstetten
Wigoltingen
Berg
Amlikon
Weinfelden
Bussnang
Bürglen
Kaltenbrunnen
Sulgen
Affeltrangen
Schönholzerswilen
Tobel
Komturei
550 m
400 m
Höhe
Kreuzlingen
Bernrain
Ellighausen
Märstetten
Amlikon
Kalten-
brunnen
Affeltrangen
Konstanz
Tobel
0
2
4
6
8
10
12
14
16
18
20
22
24
26
Distanz in km

VON TOBEL NACH STEG

Alte Pilgerspuren in der Kapelle in St. Margarethen

Überrascht schauen wir auf das Wappen des Fischinger Abtes Placidus und des Fischinger Konvents an der kleinen Kapelle St. Margaretha. Das Kloster wirft seine Schatten voraus, sein Abt Placidus Brunschweiler ließ 1641 hier, am alten Pilgerweg von Konstanz nach Einsiedeln und Santiago, eine Pilgerkapelle bauen. Schon im Mittelalter gab es in der Nähe eine Vorgängerkapelle, die der Abt aber abreißen ließ. Wohl, weil auf diesem Weg viele Pilger unterwegs waren, wählte er für die neue Kapelle den Platz am alten Wegkreuz außerhalb des Weilers St. Margarethen, wo sich der Handelsweg von Konstanz nach Fischingen und der Pilgerweg kreuzten. Und die Pilger kamen, oft in Gruppen, und verrichteten ihre Gebete, bevor sie nach Fischingen weiterzogen. Als die Pilgerströme allmählich versiegten, geriet die kleine Kapelle fast in Vergessenheit. Erst eine Restaurierung von 1985 bis 1987 legte die originale Malerei frei, die Ausstattung und das Äußere wurden wiederhergestellt, die Pilgerschranke, das Vordach und die Emporentreppe rekonstruiert.

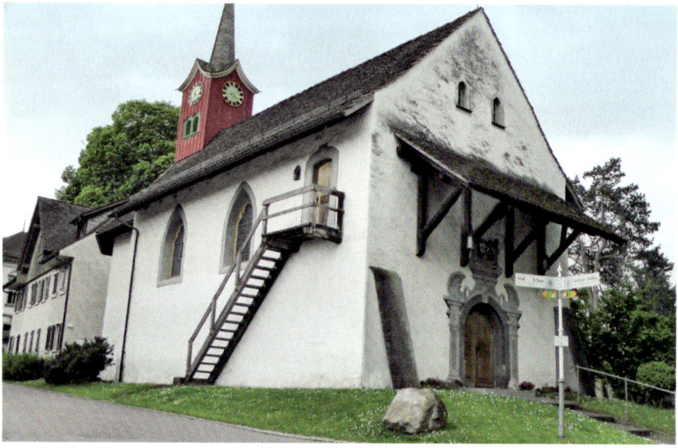

Die Pilgerkapelle St. Margaretha in St. Margarethen

Auf dem First sitzt ein verbretterter Dachreiter in Biedermeierform. Uns interessieren besonders die außen liegende Treppe und die Tür zur Empore, in der Pilger früher übernachten durften. Das erinnert uns an das alte Jakobskirchlein in Schondorf am Ammersee, wo sich auch auf der Außenseite eine vermauerte Einstiegsöffnung befindet, die früher ins Dachgeschoss führte. Auch hier wird vermutet, dass sie früher den Pilgern zugänglich war.

Tritt man durch das Hauptportal in die Kirche, kommt man zuerst in einen niedrigen Pilgerraum mit einer Schranke, deren Tür heute fehlt. Sie sollte verhindern, dass die Wallfahrer den ganzen Kirchenraum mit ihren Kritzeleien versahen. Offensichtlich keine Erscheinung der heutigen Zeit, sondern es war schon damals beliebt, sich an den Wänden zu »verewigen«. Im Vorraum finden wir jede Menge Namen, Orte, Jahreszahlen und sogar kleine Zeichnungen – wir können eine Kirche erkennen –, meist mit Rötelstift, aber auch in Kohleschrift angebracht. Solche Pilgerkritzeleien kannten wir bisher nur aus der Michaelskapelle von St. Gallus in Bregenz.

Das Laienschiff wurde von Dekorationsmalern geschmückt. Ranken, Blüten, Spitzen und Schnecken zieren Raum und Fensternischen. Vom Chorbogen schaut eine Figurengruppe herab, mit dem Christuskind

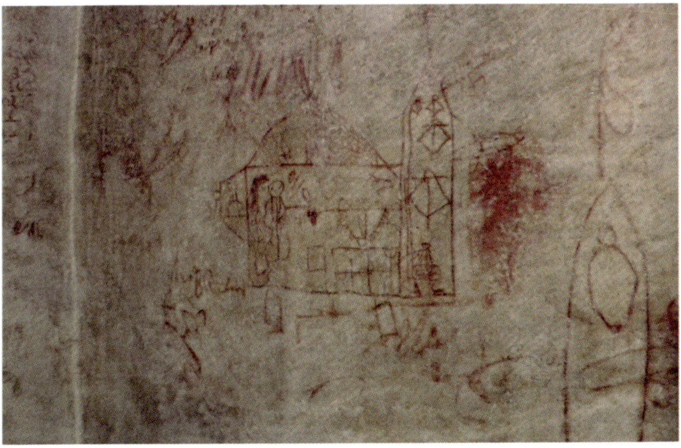

Alte Pilgerkritzeleien in der Pilgerkapelle St. Margaretha

und Maria, deren Mutter Anna sowie den Mönchen Benedikt und Placidus. Auf dem Hochaltar ein rundbogiges Altarbild mit Christus am Kreuz, flankiert von den Figuren der heiligen Ursula und der heiligen Margaretha. Darüber ein Medaillon mit einer Muttergottesstatue mit Kind. Der linke Seitenaltar zeigt die 14 Nothelfer, auf dem rechten ist die heilige Idda dargestellt. Die Kapelle ist ein gutes Beispiel für die im Bodenseeraum weitverbreitete und bis in die Mitte des 17. Jahrhunderts weiterlebende Nachgotik. Das ganze Kirchlein ist ausgefüllt mit der Heiligenwelt, wie sie das Pilgervolk damals verehrte, und zeugt von der tiefen Frömmigkeit der Wallfahrer. Uns macht es Freude, in einer der Bänke zu sitzen und zu versuchen, die Welt des 17. Jahrhunderts ein wenig in uns aufleben zu lassen.

Die heilige Idda und das Kloster Fischingen

Idda, die Gräfin von Toggenburg, hatte von ihrem Gemahl einen kostbaren Ring geschenkt bekommen. Diesen entdeckte ein Rabe auf dem Fensterbrett und trug ihn in sein Nest. Ein Knecht, der nach Rabeneiern suchte, fand den Ring und steckte ihn sich an. Als der Graf den Ring am Finger des Knechtes entdeckte, stand für ihn fest, dass ihn seine Frau mit dem Knecht betrog. Vor lauter Wut und Empörung ließ er den Knecht töten und stieß seine Frau über die Zinnen seiner Burg in die Tiefe. Doch sie überlebte den Sturz und zog sich in eine Höhle zurück. Von einem Zwölfender-Hirsch mit Lichtern auf dem Geweih ließ sie sich jede Nacht den Weg zur Mitternachtsmesse ins Kloster Fischingen leuchten. Als sie nach Jahren ein Jäger dort entdeckte und es dem Grafen meldete, bat dieser seine Frau reumütig um die Rückkehr zu ihm. Ohne Erfolg. Da ließ er eine Klause für sie beim Kloster Fischingen bauen. Sie soll im ›Ruf der Heiligkeit‹ am 3.11.1226 gestorben sein und wurde am Ort der heutigen St. Idda-Kapelle beigesetzt.

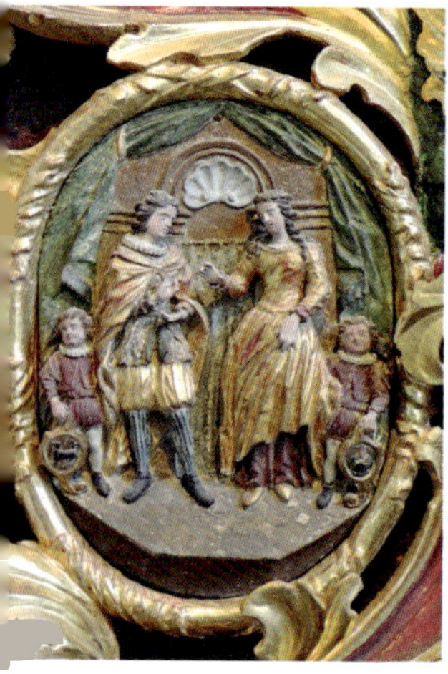

Medaillon der Vermählung der hl. Idda

Soweit die Legende. Normalerweise liegt die Entstehung solcher Erzählungen im Dunkel der Geschichte. Erstaunlicherweise weiß man in diesem Fall, dass Abt Heinrich Schüchti vom Kloster Fischingen 1481 die Lebensgeschichte der Klausnerin Idda zu dieser tiefsinnigen Legende gestalten ließ. Idda war vermutlich die Gemahlin Dietrichs IV. von Toggenburg. Als ihr Gatte starb, zog sie sich in eine Klause zurück und lebte später bei der Klosterkirche Fischingen ihr Gott geweihtes Leben weiter. Als Trösterin Idda wurde sie zum Mittelpunkt des geistigen Lebens in Fischingen und zieht seither Pilger in Nöten an.

Die imposante Klosteranlage von Fischingen liegt im schon fast alpin anmutenden oberen Murgtal, im südlichsten Teil des Thurgaus. Das Kloster wurde 1138 durch den Konstanzer Bischof Ulrich II. gegründet und sollte auch Pilgern von Konstanz nach Einsiedeln Obdach bieten. Innerhalb von sechs Jahren entstanden Kirche, Klostergebäude und eine erste Herberge. Bis zum Jahr 1210 zählte das Kloster etwa 150 Mönche und 120 Nonnen und erlebte eine erste Hochblüte.

Die Vogteirechte übten die Grafen von Toggenburg aus, später das Haus Habsburg und nach der Eroberung des Thurgaus 1460 durch die Eidgenossen übernahmen diese die Schutzherrschaft. Nach dem großen Brand von 1440 ersetzte man das Kloster durch eine gotische Anlage.

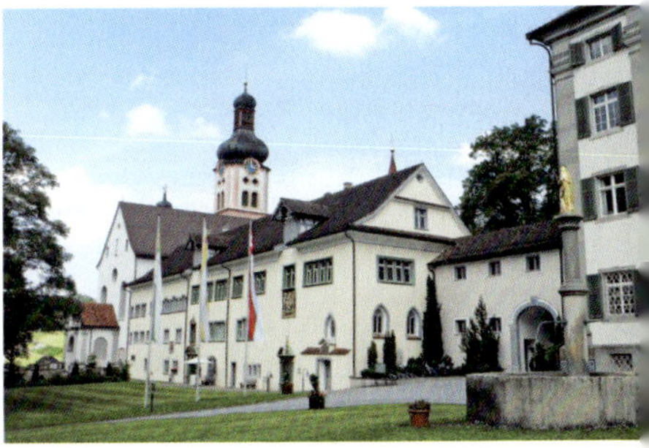

Kloster Fischingen

Während der Reformation erlosch das Klosterleben für mehrere Jahre, der Konvent bestand nur noch aus vier Mönchen. Unter Abt Christoph Brunner (1574-1594) endeten die Krisenjahre, er bemühte sich um ein regeltreues Mönchstum. Außerdem gründete er die Idda-Bruderschaft, die die Verbreitung des Idda-Kults und die zugehörige Wallfahrt unterstützte. Später wurde das Kloster zum Stützpunkt der Gegenreformation ausgebaut. Die Kapelle der heiligen Idda genügte den Pilgerscharen nicht mehr und wurde 1625 erweitert. In der Barockzeit erlebte das Kloster eine zweite Blütezeit und zählte

30 bis 40 Mönche. 1685 bis 1687 wurde die Kirche nach Plänen von Caspar Moosbrugger neu errichtet, der Neubau der prachtvollen Idda-Kapelle erfolgte ab 1704. Die Idda-Wallfahrt hatte in dieser Zeit ihre größte Popularität erreicht.

Wie alle anderen Klöster im Thurgau wurde Fischingen 1848 vom Thurgauer Großen Rat aufgehoben. Die Räume dienten fortan als Weberei und Handelsschule. Im Jahr 1973 wurde der »Ausnahmeartikel«, der die Wiederherstellung aufgehobener und die Errichtung neuer Klöster verbot, außer Kraft gesetzt. Im August 1977 konnte die feierliche Wiedereinrichtung des Benediktinerklosters in den alten Gebäuden erfolgen. Neben dem Klausurtrakt wurde ein viel besuchtes Bildungshaus im Ostflügel eingerichtet.

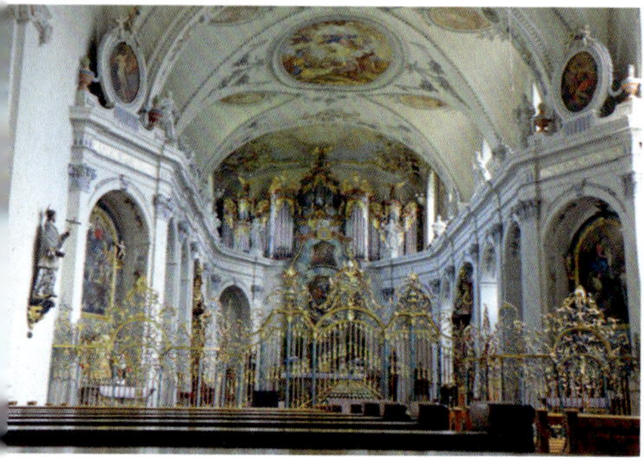

In der Klosterkirche Fischingen

Schon im Eingangsbereich stoßen wir wieder auf das Wappen des Abtes Placidus von Fischingen, das wir bereits von St. Margarethen kennen. Neugierig betreten wir die Klosterkirche und sind sofort von dem lichten und farbenfrohen Raum beeindruckt. Das Laienschiff, ein rechteckiger Saalbau, ist vom großen Altarhaus getrennt durch ein wunderschönes Chorgitter in ungewöhnlicher Farbigkeit: Versilberte und vergoldete Spiralen und Blätter, aber auch geschwungene Bänder und Verzierungen in Rot- und Grüntönen bezaubern uns. Das Licht, das durch die Rundbogenfenster fällt, taucht den Raum mit seinen Vasen, Heiligenfiguren und Medaillons in ein sanftes Licht. Auch die Orgel ist sehenswert und mit ihren 33 Registern vor allem hörenswert. Lange halten wir uns in der Kirche auf, entdecken immer wieder etwas Neues.

Das eigentliche Prunkstück der Kirche ist die Idda-Kapelle, ebenfalls von hübschen Gittern eingerahmt. Gedrungen und doch angenehm wirkt der Raum in seinem italienischen Barock, in den sich die weiche süddeutsche Kunst mischt und so ein harmonisches Ganzes bildet. Wir freuen uns, dass die Stuckdekoration vom Wessobrunner Joseph

Resch stammt und die sechs Stuckmarmoraltäre ein Frühwerk von Dominikus Zimmermann sind, ebenfalls aus Wessobrunn. Beide sind uns wohlvertraut, durch ihren Heimatort führt ja der Münchner Jakobsweg.
An der Südseite der Kapelle befindet sich das Idda-Grabmal über einem Sarkophag aus Sandstein mit einer liegenden Figur der heiligen Idda mit Rosenkranz und Brevierbeutel. Auf der Schauseite zur Kirche über dem Grab ein Altar, in dessen Zentrum vor einem vergoldeten Strahlenkranz eine Sitzfigur der heiligen Idda ruht, daneben ihr Hirsch, das Attribut, das auf die Tugend und Enthaltsamkeit ihres Lebens hinweisen soll. In das kunstvolle Gitter, das den Altar umgibt, sind Medaillons mit Szenen aus der Idda-Legende eingearbeitet: ihre Vermählung, die Auffindung des Eherings, der Sturz von der Burgzinne und andere. Unter dem Grabmal eine Stelle, die uns besonders interessiert: ein Loch, durch das Pilger ihre Füße stecken können, Schmerzen sollen dadurch gelindert werden – wenn man daran glaubt. Welcher Pilger würde das nicht versuchen? Schließlich braucht man für den Aufstieg zum Hörnli beschwerdefreie Füße.

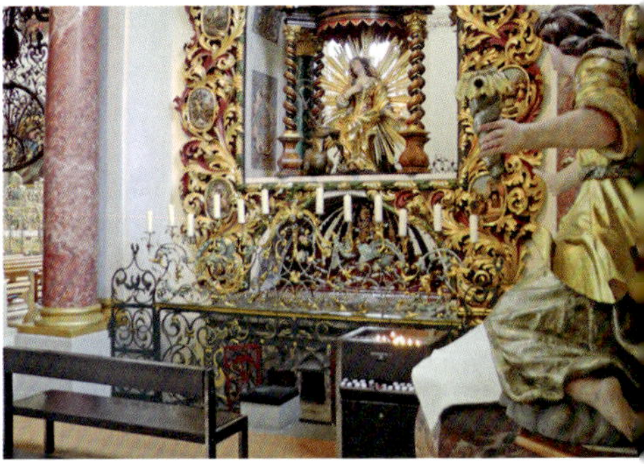
Idda-Grabmal mit Fußloch für schmerzende Pilgerfüße

Übrigens: Im Kloster Fischingen gibt es Pilgertreffen, Gottesdienste und Vorträge für Pilger, Unterkünfte und Pilgersegen.

Auf dem Hörnli

Schon kurz vor dem Gipfel des Hörnli verlassen wir den Kanton Thurgau und betreten Zürcher Gebiet. Auf einer Höhe von 992 Metern, dem höchsten Punkt des Kantons Thurgau, steht der Dreiländerstein zwischen den Kantonen Thurgau, St. Gallen und Zürich.
Für uns entpuppt sich der Dreiländerstein nicht nur als Wechsel des Kantons, sondern auch als Wechsel vom Alltag zur Pilgerreise.

Es dauert ja etliche Tage, bis wir nach dem Aufbruch von zu Hause loslassen können, nicht mehr darüber nachdenken, was wir vergessen oder zurückgelassen haben, sondern beginnen, ganz im Hier und Jetzt zu leben.
Vom Übergang in die Schweiz bis hierher gab es viele neue Eindrücke von Land, Menschen und Kultur zu verarbeiten, die sich mit Alltagsgeschichten von zu Hause mischten und den Kopf anfüllten. Erst ganz allmählich begannen sich die Gedanken zu beruhigen, wurden weniger, die Bilder der Seele klärten sich und wir fingen an, die Außenwelt stärker wahrzunehmen. Und plötzlich hatten wir alle Zeit der Welt, uns an der Natur zu erfreuen, die Landschaften und die Kunst und Kultur entlang des Pilgerweges zu genießen.
Warum das wohl gerade auf dem Weg zum Hörnli passierte? Als wir heute im Tal aufbrachen, war es schwülwarm, der Himmel eintönig grau, er verwischte die Konturen, schluckte alle Farben. Wie in Watte gehüllt, stiegen wir langsam die ersten Meter bergauf, nur dem Rhythmus des Atems folgend. Automatisch setzten wir einen Fuß vor den anderen, das anstrengende Gehen half, die Gedanken auszuschalten und in die Stille einzutauchen. Niemand begegnete uns. Ich hatte das Gefühl, als ob wir uns mit jedem Schritt mehr aus der Zivilisation hinausschlichen, fühlte mich wie durch eine Mauer vom Alltagsleben getrennt, in eine andere Welt hineinversetzt. Die Ruhe der Natur übertrug sich auf mich. Vielleicht ein erstes Zeichen der Erholung, das den Wechsel zwischen der körperlichen und geistigen Phase einer Pilgerreise einleitet? Der Alltag mit seinen Problemen war weit weggerückt, gar nicht mehr wichtig. Wichtig war vielmehr, jetzt in dieser wunderbaren Bergwelt zu wandern, die würzige Luft einzuatmen, den süßen Blumenduft zu riechen, mit den Füßen mühelos über Stock und Stein zu klettern – was für hervorragende Fortbewegungsmittel sie doch sind. Wie anders als mit ihnen

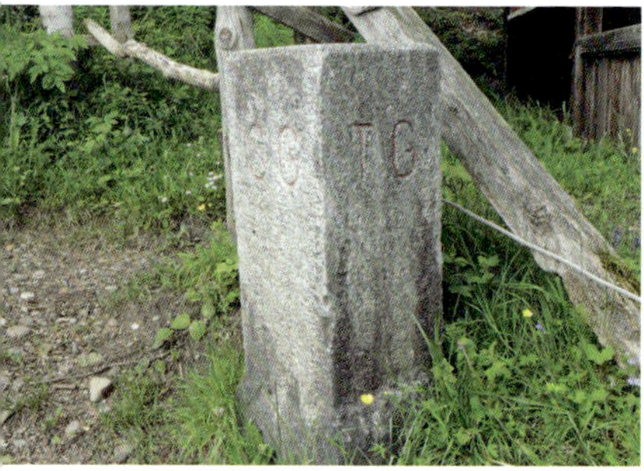

Dreiländerstein unter dem Hörnli-Gipfel

könnte man so unterschiedliche Hindernisse so leicht überwinden? Alles erschien auf einmal leicht. Ob wir uns im täglichen Leben vielleicht viel zu ernst nehmen? Für die Natur hier draußen sind wir nicht wichtig. Sie braucht uns nicht, ist Millionen von Jahren alt. Was sind wir doch für Eintagsfliegen dagegen.

Der Dreiländerstein riss mich aus meinen Gedanken, die Markierung wechselt von den weiß-blauen Schwabenweg-Schildern zu denen der Via Jacobi Nr. 4. Nur noch knappe 150 Höhenmeter sind es zum Gipfel des Hörnli. Obwohl er nur 1133 Meter hoch ist, soll er ein wunderbarer Aussichtsberg sein. Und welch ein Glück – kurz vor dem Gipfel kommt die Sonne heraus, schiebt die dunstige Schicht ein wenig zur Seite. Vom Säntis mit seinen lang gestreckten Kalkbändern reicht der Blick zu den Gipfeln der Churfirsten im Süden, in das Toggenburg, die Innerschweiz und das Zürcher Oberland, noch weiter südlich und westlich schließen sich die Glarner und Berner Alpen an. Die Rundsicht soll über das Mittelland hinweg bis zum Jura reichen. Doch ein so weiter Fernblick ist uns an diesem Tag nicht vergönnt.

Wir lassen uns bei einer längeren Rast die Brotzeit am Berggasthaus Hörnli schmecken – hier kann man auch übernachten –, erfreuen uns beim Abstieg an der üppigen Blumenpracht und dem würzigen Geruch der Bergwiesen, an den schönen alten Holzhäusern und dem Rückblick zum Hörnli-Gipfel. Wir erinnern uns an so manchen Bergabstieg, bei dem wir traurig daüber waren, dass das schöne Erlebnis schon hinter uns lag, und freuen uns, bis nach Santiago de Compostela noch so viele Kilometer mit hoffentlich vielen beeindruckenden Erlebnissen vor uns zu haben. Das Gebimmel der Kuhglocken im Ohr genießen wir unsere Pilgerreise an diesem Tag ganz besonders.

Auch das ist Kunst, ist Gottesgabe:
aus ein paar sonnenhellen Tagen
sich so viel Licht ins Herz zu tragen,
dass, wenn der Sommer längst verweht,
das Leuchten immer noch besteht.

Johann Wolfgang von Goethe

Wegbeschreibung 2. Etappe:

Heute erwartet uns die Königsetappe des Schwabenweges: in geistig-kultureller Hinsicht das strahlende Barockjuwel des Klosters in Fischingen, in körperlicher der Übergang über das Hörnli nach Steg. Doch zuerst müssen wir zurück bis zum Wegweiser beim Gehöft **Flügenegg**, wo wir gestern nach Tobel abgebogen sind. Von hier wandern wir auf gut bezeichneten Wegen durch Felder und Wald bis **Türn**, überqueren die Hauptstrasse und setzen auf der anderen Seite unseren Weg durch die reizvolle Bauernlandschaft bis nach **St. Margarethen** fort.

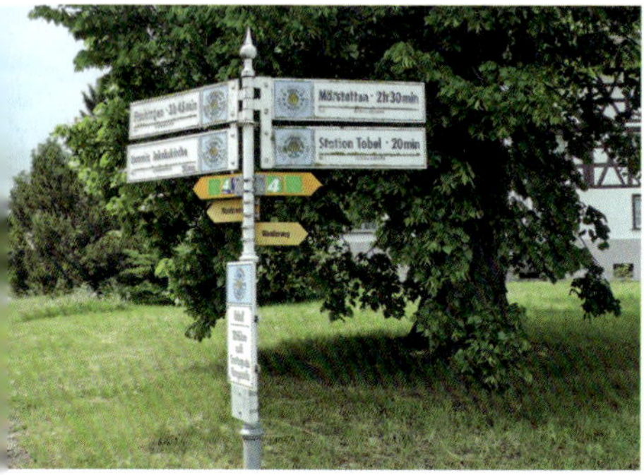

Wegweiser bei Flügenegg

Bei den ersten Häusern des Dorfes wendet sich der Pilgerweg nach links, durch den Ort gehend stoßen wir auf die Kapellstrasse – sie bringt uns direkt zur Pilgerkapelle **St. Margaretha**. Die alten Pilgerkritzeleien im Inneren sind interessant, reizen uns aber nicht zur Nachahmung, wir tragen uns lieber ins bereitliegende Pilgerbuch ein. Von der Kapelle aus wenden wir uns zunächst einige Schritte nordwärts – aus der Kapellstrasse kommend nach rechts. Wir überqueren die Hauptstraße, zweigen in die Ringstraße ab, dann nach links in die Mezikonerstrasse und nehmen nach der Brücke über die **Murg** den Dammweg links, der uns nach **Münchwilen** hineinführt. Bei der Kirche biegen wir rechts in die Kirchstrasse. Über Parkweg und Hörnlistrasse erreichen wir wieder den Dammweg der Murg und folgen ihm weiter. Wir durchqueren **Sirnach** – sowohl hier als auch in Münchwilen erinnert ein Gasthof namens »Engel« an seine ursprüngliche Funktion als Pilgerherberge.

Erst in **Wiezikon** wechseln wir auf die andere Bachseite und gehen auf der Fahrstraße bis hinter **Wis**. Wir folgen der Markierung durch den Weiler **Aawil** und weiter bis zur Straße nach Fäld wenden uns dann links in Richtung des Waldes und erreichen in stetigem Auf und Ab **Oberwangen** mit seiner barocken Martinskapelle auf dem »**Martinsbärgli**«. Ein romanischer Bau ist schon im 11./12. Jahrhundert nachgewiesen, zwischen 1728 und 1730 wurde die Kapelle von Jakob und Johannes Grubenmann um einen ausladenden Kuppelbau erweitert. Es lohnt sich, die Treppen hinaufzusteigen und einen Blick in die Kapelle zu werfen. Vom Hauptaltar schaut uns der heilige Martin im Bischofsornat entgegen. Im Aufsatz darüber ist er hoch zu Ross dargestellt, wie er seinen Mantel zerschneidet, um ihn mit dem Bettler zu teilen. Auf den Seitenaltären sind links die heilige Elisabeth von Thüringen und rechts die heilige Idda zu sehen. Die Kapelle spricht uns durch ihren volkstümlichen Charme an und fügt sich harmonisch in die voralpine Landschaft ein.

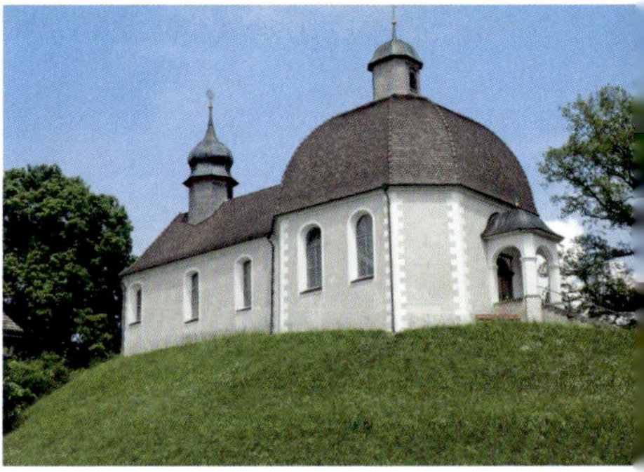

St. Martin, Oberwangen

Von der Martinskapelle gehen wir einige Schritte dorfeinwärts und halten uns bei der nächsten Wegkreuzung links. Der Weg führt über einen bewaldeten Kamm und wir verstehen beim Durchwandern gut, warum diese Region von den Einheimischen »Tannzapfenland« genannt wird. Beim anschließenden Abstieg ins Tal nach **Fischingen** taucht unvermittelt das prachtvolle Benediktinerkloster mit seiner barocken Kirchenkuppel vor uns auf, hebt sich eindrucksvoll von den grünen Wäldern der Umgebung ab. Unsere Füße bewegen sich automatisch darauf zu, ein Besuch ist unvermeidlich.

Hinter Fischingen müssen wir uns zwangsläufig mit dem Aufstieg zum Hörnli und dem nachfolgenden Abstieg nach Steg anfreunden. Pilger, die bereits müde sind und denen diese Wegetappe zu anstrengend erscheint, sollten lieber versuchen, in Fischingen, z. B. im Kloster, zu übernachten, denn der Weiterweg ist lang, anstrengend und meist einsam.

Wir verlassen Fischingen auf der **Hörnlistrasse**, biegen nach einigen Schritten links aufwärts in die Hinterdorfstrasse ab. Über diese gelangen wir in ein Waldstück, durchqueren es und kommen zu den Häusern von **Au**. Hintern den letzten Häusern beginnt der eigentliche Aufstieg zum Hörnli. Der Weg durch Wald und Flur führt uns zunächst 200 Meter höher zum Weiler **Alewinde** (auf 914 Metern). Auf Feldwegen geht es weiter aufwärts zu einer Lichtung mit einer Rasthütte und zum **Dreiländerstein**. Beflügelt von einer kurzen Pause streben wir in einem letzten Aufstieg dem **Hörnli-Gipfel** entgegen. Bei gutem Wetter genießen wir einen fantastischen Rundblick – rückblickend unser Weg durch das Thurgau, östlich das St. Gallener Land und das Toggenburg, im Süden unser Weiterweg Richtung Zürichsee und die Innerschweiz. Im gemütlichen Berggasthaus können wir uns bei einer Rast stärken – wer hier übernachten möchte, sollte vorher telefonisch reservieren.

Wenn Augen und Körper gesättigt sind, geht es an den Abstieg. Flur- und Wanderpfade wechseln einander ab und führen abwärts zum **Tanzplatz** und nach **Äsch**. Wir gehen am Bahnhof vorbei und erreichen geradeaus weiter **Steg**. In der ehemaligen Pilgerherberge Zum Steg – heute ein behagliches Gasthaus – können wir uns von der langen und anstrengenden Etappe erholen. Im hinter dem Gasthaus stehenden »Doktorhaus« aus dem 17. Jahrhundert können wir uns heute nicht mehr verarzten lassen, es diente nur bis 1890 als Apotheke und Arztpraxis.

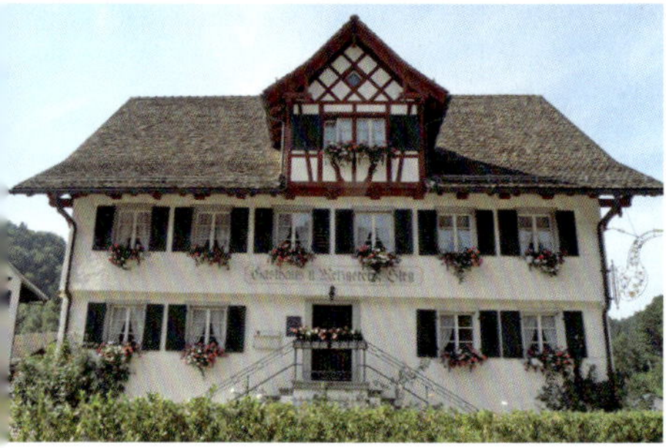

Historischer Gasthof Steg, früher Pilgerherberge

Weglänge: ca. 26 km
Übernachtungsmöglichkeiten: Münchwilen, Sirnach, Fischingen, Hörnli, Steg

http://www.hanna-jakobsweg.de/sjw/t01/k02.htm

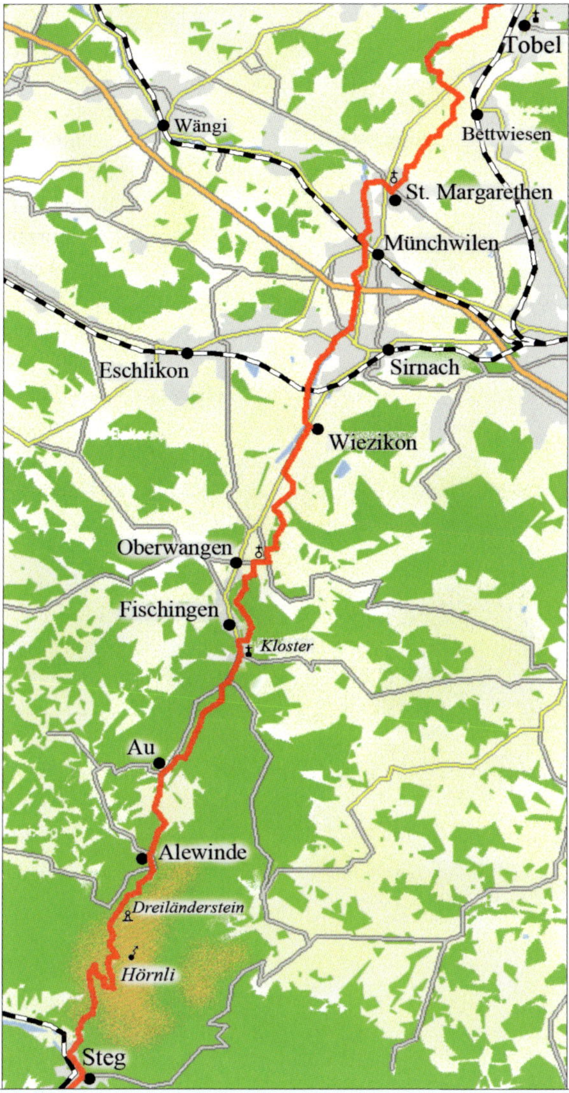
Tobel
Wängi
Bettwiesen
St. Margarethen
Münchwilen
Eschlikon
Sirnach
Wiezikon
Oberwangen
Fischingen
Kloster
Au
Alewinde
Dreiländerstein
Hörnli
Steg

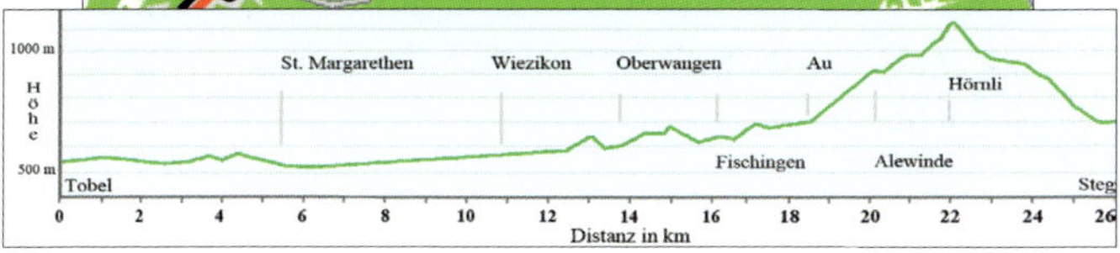
1000 m
500 m
Höhe
St. Margarethen
Wiezikon
Oberwangen
Au
Hörnli
Fischingen
Alewinde
Tobel
Steg
0
2
4
6
8
10
12
14
16
18
20
22
24
26
Distanz in km

VON STEG NACH RAPPERSWIL

Durchs Zürcher Oberland zum Zürichsee

»Die große Stille der Oberländer Landschaft, das Schweigen in ihren Bergwäldern, das milde Licht auf ihren gewellten Matten und der herzbefreiende Blick in weite Fernen von ihren Anhöhen aus – dieses Erlebnis lässt einen nicht mehr los.« So schwärmte der Schweizer Heimatdichter Otto Schaufelberger vom Zürcher Oberland.
Diese ruhige Landschaft zieht auch uns in ihren Bann, wir erinnern uns – die Überschreitung des Hörnli versetzte mich gestern in meditative Pilgerstimmung. Vielleicht hatte ich intuitiv auch die Pilger vor uns wahrgenommen, denn wir wandern auf einem uralten Weg dahin. Manchmal kamen die mittelalterlichen Pilger auf dem Schwabenweg nach Einsiedeln an einer der Klausen am Wegrand vorbei und fanden darin eine Andachtsstätte zum Beten. Der Waldbruder, der dort hauste, musste vermutlich einen Teil des Pilgerwegs unterhalten. Denn der Weg zog sich einsam durch das ehemalige Wald- und Sumpfgebiet, musste sogar teilweise mit Reisig oder Holz unterlegt werden. Die eigenwillige Drumlinlandschaft wurde von den Gletschern während der letzten Eiszeit geformt. Dort, wo das Eis des letzten Gletschervorstoßes in die Breite ging oder sich an einem Widerstand rieb und dabei seine Fließgeschwindigkeit verlor, lud es den mitgeführten Moränenschutt ab und so entstanden im Zürcher Oberland etwa 150 dieser tropfenförmigen Hügel. Sie wechseln sich ab mit feuchten Mulden, durch die kleine Bächlein fließen und in denen Sumpflöcher glitzern.

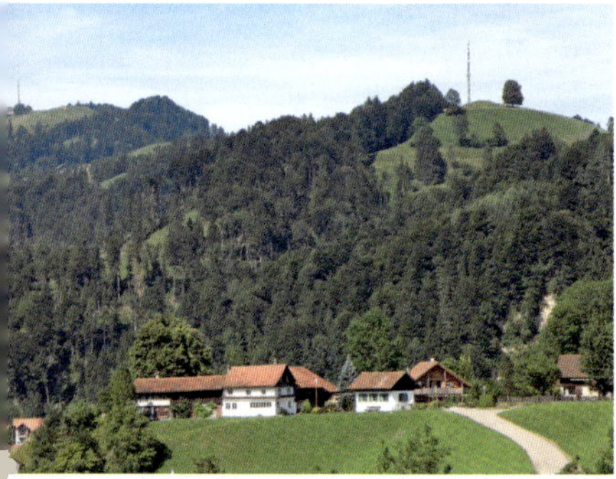

Rückblick zum Hörnli von Steg aus

Die Einheimischen brauchten in weiten Teilen dieser Landschaft weder Wege noch Straßen. Sie führten ihr Vieh zum Weiden hinein, beileibe nicht nur die Kühe, sondern auch Ziegen und Schweine.

Da dieses unwegsame Weideland gemeinsam genutzt wurde, brauchten sie irgendwann Zäune, um das Gebiet von den Nachbarn abzugrenzen. Weil man dafür Unmengen von Holz benötigte, begann man zu roden. Das zusammenhängende Waldgebiet lichtete sich, auch ein wenig Ackerland wurde gewonnen, und so entstand allmählich das Landschaftsbild, wie wir es heute kennen und wie es uns beim Durchwandern so romantisch erscheint …

Erst als man im 17. Jahrhundert Torf zu stechen begann, bekam der Pilgerweg Gesellschaft. Zum Transport des »schwarzen Goldes« genügten die unbefestigten alten Wege nicht mehr, sie mussten zu Fahrwegen ausgebaut werden. Interessant ist, dass am 25. Juli – dem Jakobstag – der Abschluss der Torfsaison gefeiert wurde, die zahlreichen »Jakobs« konnten dabei ihren Namenstag feiern.

Heute sind wir froh, dass wir zwei der weitläufigsten Gemeinden dieses Gebietes durchwandern: Fischenthal und Wald, sie werden die »eigentlichen Herzkammern« des Zürcher Oberlandes genannt. Die geistige – weil hier der Schwerpunkt der Oberländer Mundart liegt, mit ihrer dunklen Lautfärbung und ihrer Bedächtigkeit – und die körperliche – wegen der vielen Bächlein und Flüsse, die sich von den Hügeln herab in die tiefer gelegene Umgebung schlängeln.

Auch hier waren es wohl vor allem die Alemannen, die zuerst als Siedler in die Wildnis eingedrungen sind. Nach der Christianisierung setzten sich weltliche und geistige Herrscher in der Gegend fest, darunter das Kloster St. Gallen, Dienstleute des Klosters von Einsiedeln und der Grafen von Toggenburg. Die vielen Hügel ringsum reizten zum Burgbau, heute erinnern allerdings nur noch verfallene Wälle und Gräben an sie.

Die älteste Urkunde von Fischenthal im Tösstal, in der auf das »Fiskinetal« Bezug genommen wird, stammt aus dem 9. Jahrhundert. Die Gegend wurde 878 dem Stift von St. Gallen geschenkt, die Klosterleute rodeten den Talgrund und ließen ihn besiedeln. Über die Rechte, Pflichten und Abgaben der Talbewohner wachten zuerst die Grafen von Rapperswil, dann die Regensburger, Kiburger und schließlich die Habsburger. 1425 gelangte Fischenthal in den Besitz der Stadt Zürich. Die heutige reformierte Kirche liegt reizvoll auf einer kleinen Anhöhe, geht auf eine Kapelle aus dem 10. Jahrhundert zurück und ist dem heiligen Gallus geweiht. Pilger erhalten den begehrten Pilgerstempel und können sich in das Pilgerbuch eintragen. Auch in Wald wird im Jahr 1217 erstmals ein »Kirchleins ze Wald« erwähnt. Im 19. Jahrhundert entwickelte sich der Ort zum Zentrum der regionalen Textilherstellung, war als »Manchester der Schweiz« bekannt. Heute ist es mit über 9000 Einwohnern der Hauptort der Region. Der dazugehörige Weiler Ried liegt auf einer Endmoräne, die die Wasserscheide zwischen Töss und Jona bildet. Er war schon früher dicht besiedelt, weil der Pilgerweg vorbeiführte.

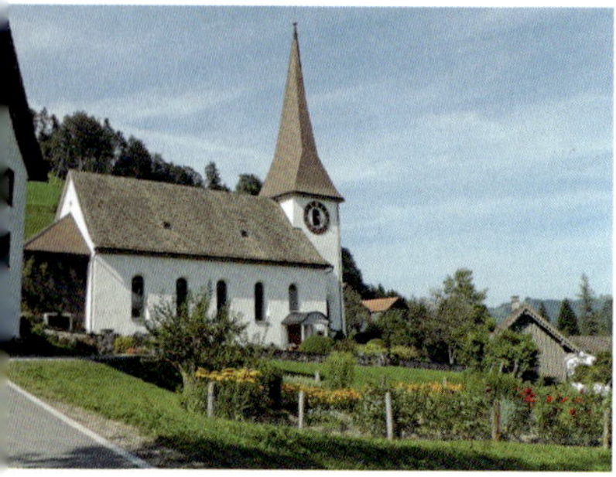

Pfarrkirche St. Gallus in Fischenthal

Uns fällt auf, dass sich auf diesem Weg viele Pilgermerkmale erhalten haben: Schon das historische Gasthaus in Steg hat Pilger beherbergt, auch Gibswil ist als alter Pilgerort bekannt und in Büel weisen Tafeln auf die historische Route des Jakobswegs hin. Bei klarem Wetter genießen wir wie die früheren Pilger einen wunderbaren Blick hinunter zum bananenförmigen Zürichsee, auch er ein Werk der letzten Eiszeit. In Blattenbach freut es uns, dass der ehemalige Gasthof Zum Roten Schwert, der den schwäbischen Pilgern als letzte Unterkunft vor dem Weg nach Einsiedeln diente, so schön renoviert ist und wir die alten Sinnsprüche gut lesen können, bevor wir über den »Pilgersteg« dem Zürichsee entgegenstreben:

Mein Wandel soll im Himmel sein,
Obschon ich leb auf Erden,
Ein Pilger bin ich hier allein,
Dort hoff ich Bürger werden.

Wegbeschreibung: Dritte Etappe

Der Name Steg deutet auf die einstige Schlüsselposition des Ortes für den Tössübergang hin. An der Brücke über die Töss beginnt unsere heutige Etappe. Sie wird uns über Fischenthal und Gibswil

bis oberhalb von Wald leiten, hier biegen wir nach Westen ab, um über Jona an unser Ziel Rapperswil am Zürichsee zu gelangen.
Auf der Ortsstraße wandern wir durch Steg, erreichen bald die Ohrütistrasse und gleich darauf die Egglistrasse. Sie bringt unseren Kreislauf durch einen kurzen, aber heftigen Aufstieg in Schwung. Das scheint die einzige Aufgabe dieses Wegstückes gewesen zu sein, denn sofort danach geht es bergab und auf die Hauptstraße zurück, auf der wir bis **Fischenthal** bleiben.

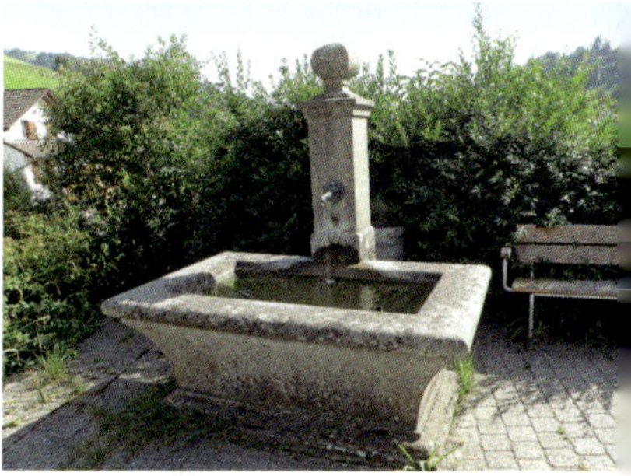
Brunnen in Fischenthal

Nach dem Besuch der Pfarrkirche biegen wir gegenüber, am Brunnen nach links in die Alte Fistelstrasse ab und sind bald in **Fischtel**. Im Ort wählen wir den Weg nach rechts, der uns an die Bahnlinie führt. Ihr folgen wir auf der linken Seite, wechseln bei einem einzelnen Gehöft auf die rechte Seite. Durch ein Feuchtgebiet mit viel Wollgras erreichen wir nach kurzer Zeit **Gibswil**. Wir durchqueren den Ort auf der Hauptstraße, bleiben auf ihr bis **Ried**, wo uns endlich einsamere Wege und Straßen erwarten und uns die Wegzeichen hinauf nach **Büel** leiten. Bei den ersten Häusern gehen wir nach links in Richtung **Hueb**, weiter zum Gehöft **Wissgass** und in einer Linksschleife nach **Dieterswil.**
Eine kleine, aber feine Panoramastraße leitet uns hinunter nach **Blattenbach**. Dabei haben wir ausreichend Gelegenheit, unter uns den Ort Wald zu bewundern und erste Blicke auf den Zürichsee zu erhaschen, falls der feine Dunst über dem See die Durchsicht erlaubt. In Blattenbach überqueren wir die Hauptstraße, vertrauen uns auf der anderen Seite einem kleinen Dorfweg abwärts an. Auf der rechten Seite gefallen uns einige gut erhaltene, hübsch verzierte und mit Sinnsprüchen versehene Häuser, die früher als Pilgerherbergen dienten.
Unser Jakobsweg führt durch einen Waldtobel zum Weiler **Töbeli**. Weiter geht es bis kurz vor Breitenmatt. Vor dem ersten Haus zweigen wir nach links auf einen Feldweg ab. Durch einen weiteren Waldtobel erreichen wir die **Pilgerstegstrasse**, folgen ihr links bis zur Bahnlinie,

queren diese und nehmen dahinter die Abkürzung, bis wir rechts zur Walderstrasse kommen. Nach wenigen Hundert Metern steigen wir nach links durch Felder aufwärts und erreichen **Ober-Fägswil**. Hinter dem Ort halten wir durch Bauernland auf eine große Waldfläche zu. Ein schattiger Weg führt uns nach **Weier**, dann durch eine offene Landschaft auf Rüti zu, das wir aber rechts liegen lassen, unser Weg überquert die Bahnlinie. Hinter den Häusern von **Unter Moos** wandern wir zum Fluss Jona und erreichen über einen Waldsaum die Brücke über eine Schnellstraße. Hinter einem ausgedehnten Waldgebiet erwartet uns wieder die Jona. Wir müssen sie noch zweimal überqueren, bevor wir in den Ort **Jona** kommen.

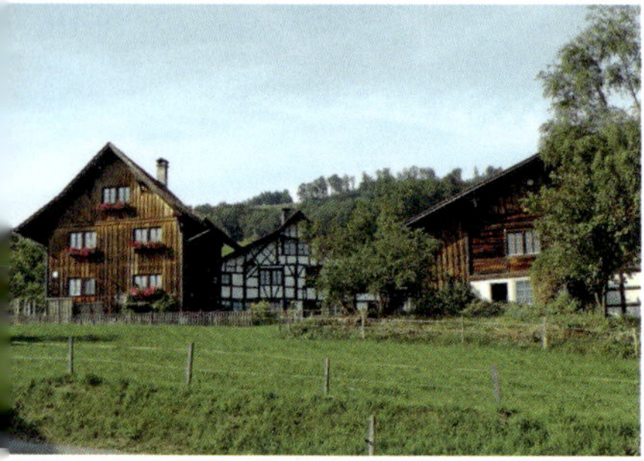

Pilgerweg durch Blattenbach

Wir gehen zunächst links-, dann rechtsseitig an der Bahnlinie entlang und biegen bei einer Straßenkreuzung in die Hanfländerstrasse ein. Über die Attenhoferstrasse kommen wir zur Gemüsebrücke und in die Kniestrasse, die uns direkt auf die große Allee der Zürcherstrasse führt. Wir folgen dieser wenige Schritte nach links bis zu einer großen Kreuzung, wählen rechter Hand die Halsgasse, die uns über die Kluggasse direkt zum Hauptplatz von **Rapperswil** bringt. Zur Pilgerherberge in der Seestrasse ist es nicht weit. Wie der Fluss Jona, der am Bachtel entspringt und uns ab Gibswil hin und wieder begegnet, sind wir vom Kanton Zürich in den Kanton St. Gallen gewandert.

Die letzte Etappe von Rapperswil nach Einsiedeln können Sie der Beschreibung des St. Gallerwegs entnehmen (siehe S. 66 ff.).

Weglänge: ca. 22 km
Übernachtungsmöglichkeiten: Fischenthal, Gibswil, Wald, Jona, Rapperswil

http://www.hanna-jakobsweg.de/sjw/t01/k03.htm

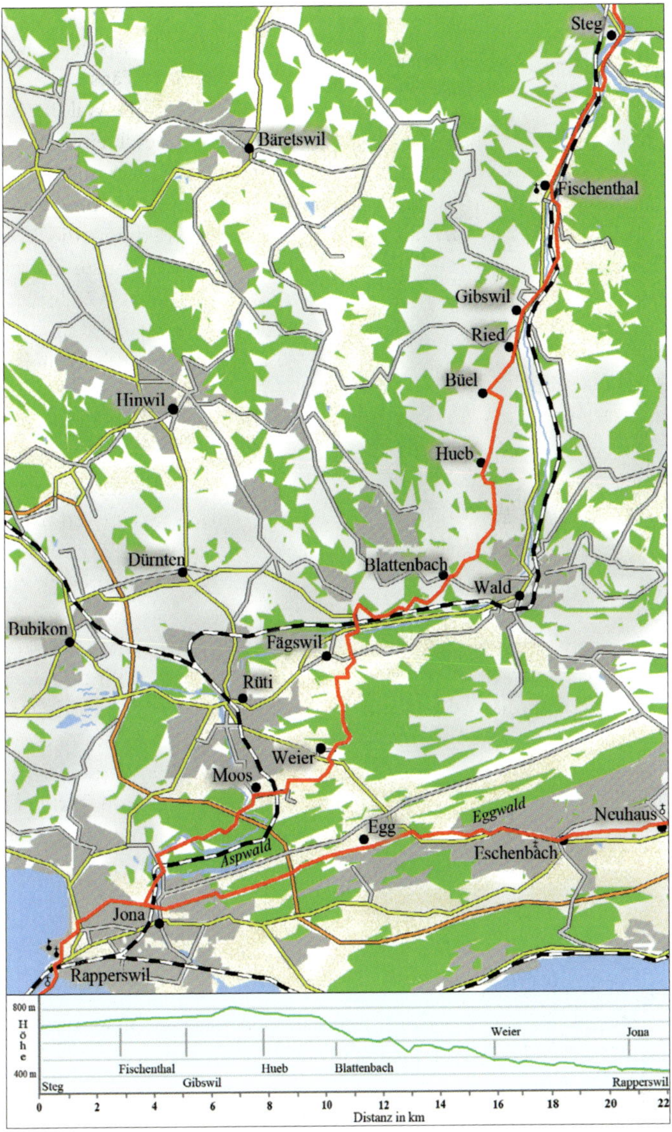
Steg
Bäretswil
Fischenthal
Gibswil
Ried
Büel
Hinwil
Hueb
Dürnten
Blattenbach
Wald
Bubikon
Fägswil
Rüti
Weier
Moos
Egg
Eggwald
Neuhaus
Eschenbach
Aspwald
Jona
Rapperswil
800 m
Höhe
400 m
Steg
Fischenthal
Gibswil
Hueb
Blattenbach
Weier
Jona
Rapperswil
0
2
4
6
8
10
12
14
16
18
20
22
Distanz in km

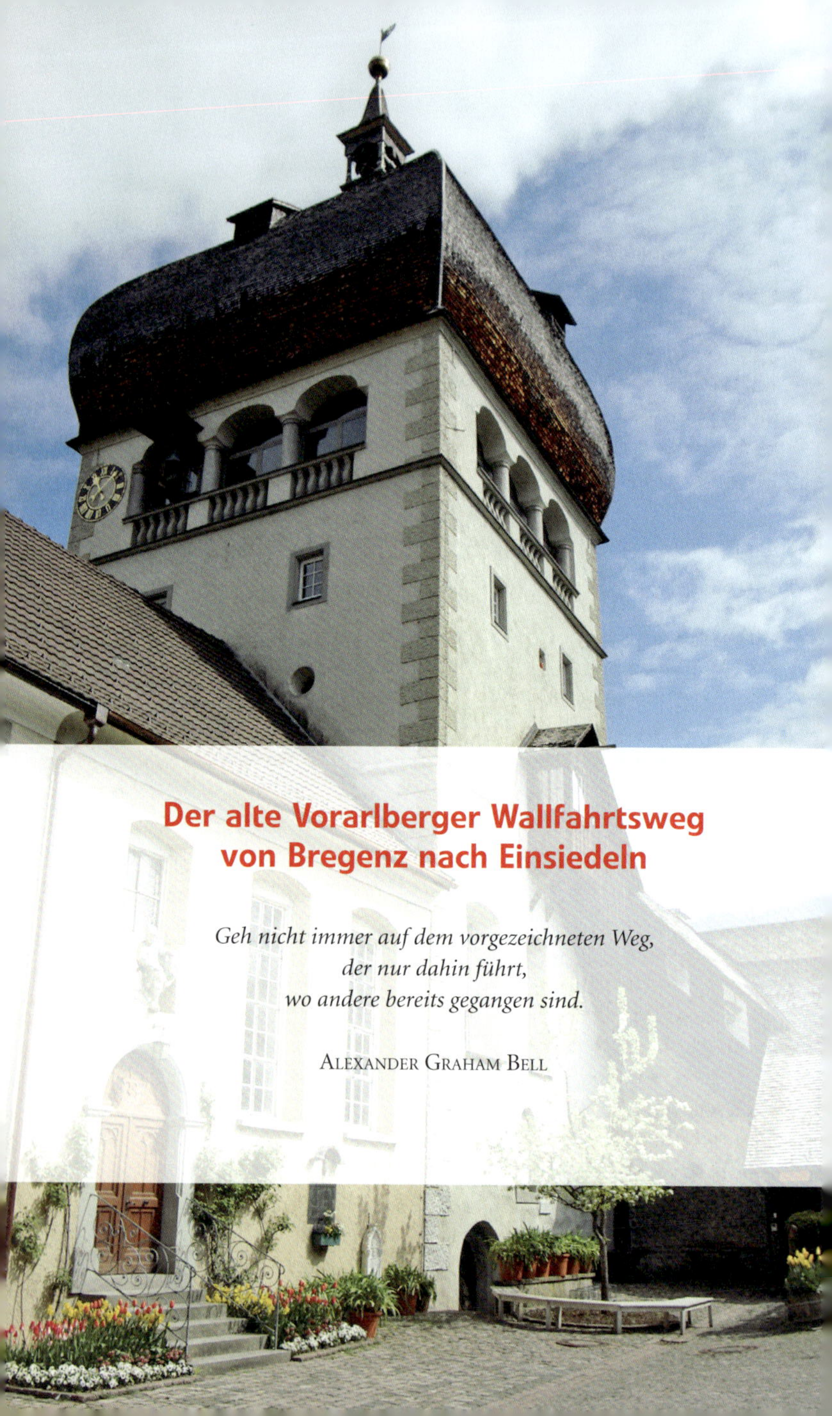

Der alte Vorarlberger Wallfahrtsweg von Bregenz nach Einsiedeln

Geh nicht immer auf dem vorgezeichneten Weg,
der nur dahin führt,
wo andere bereits gegangen sind.

Alexander Graham Bell

VON BREGENZ NACH ALTSTÄTTEN

Aufbruch am Kloster Mehrerau bei Bregenz

Mehrmals schon sind wir am Ende einer Pilgerwanderung von München nach Bregenz durch die romantische Oberstadt geschlendert, haben die Pfarrkirche St. Gallus und den Martinsturm besucht und abends eine Freilichtaufführung auf der Seebühne genossen, wenn sich der nachtdunkle See und der Mond an der Regie beteiligten und der Handlung zusätzliches Gewicht verliehen. Am nächsten Tag noch die Ruhe und Spiritualität des nahe gelegenen Klosters Mehrerau in uns aufzunehmen, bedeutete für uns einen krönenden Abschluss der Pilgerwanderung. Gibt es eine Steigerung? Ja, gleich vom Kloster aus in die Schweiz weiterzupilgern, auf dem alten Wallfahrtsweg nach Einsiedeln, den die Vorarlberger früher gerne benutzten. Dieser durchquert das Rheintal nach Altstätten und steigt über den Stosspass ins Appenzellerland hinauf. Dort stößt er auf eine weitere Jakobsweg-Variante, den Appenzellerweg Nr. 44, und folgt ihm bis nach St. Peterzell, wo er in die Via Jacobi Nr. 4 einmündet.

»Du sollst dich nicht immer und nie ganz der äußeren Tätigkeit widmen, sondern ein Quäntchen deiner Zeit und deines Herzens für die Selbstbesinnung zurückhalten.« Diese Aussage des heiligen Bernhard von Clairvaux sagt Pilgern meistens zu, denn der Pilgerweg ist für viele eine Art Besinnung auf sich selbst, verbunden mit der Suche nach dem Sinn des eigenen Lebens und einem Lebensgefühl, dem sie auf dem Jakobsweg nachspüren möchten. Die schlichte Klosterkirche der Zisterzienser ist gut dazu angetan, sich darauf vorzubereiten und in die Stille einzutauchen, nichts lenkt uns ab, wir können uns ganz auf uns selbst besinnen.

Das Kloster Mehrerau blickt auf über 900 Jahre monastischer Tradition zurück. Alles begann mit einer Einsiedelei in Andelsbuch im Bregenzerwald, wo sich 1086 Mönche aus der Abtei Petershausen bei Konstanz niederließen. Schon 1092 siedelten sie mit ihrem Abt Meinrad nach Bregenz über und errichteten in der »Au am See« ihren Klosterbau. Die romanische Kirche wurde 1125 dem heiligen Petrus geweiht. Im Mittelalter erlebte das Kloster St. Peter in der Au

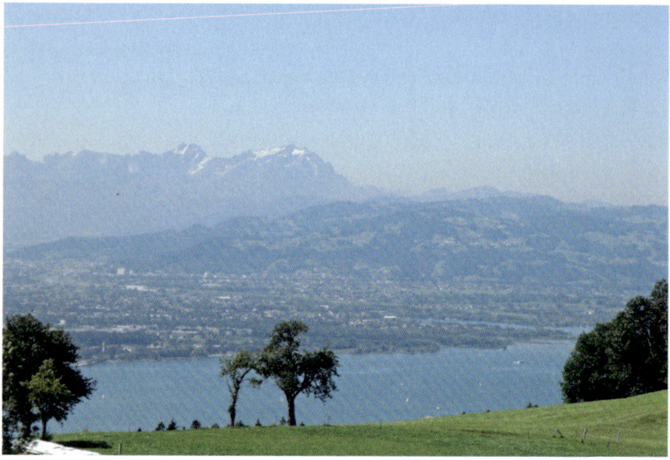

Blick über den Bodensee zum Säntis

eine Hochblüte. Von der Reformation kaum berührt, blieb es eine Hochburg des Katholizismus und bot vielen aus Deutschland und der Schweiz geflüchteten Mönchen Zuflucht. Das Gebiet um den Bodensee ist wie kaum eine andere Region Europas von Klöstern geprägt, viele wurden jedoch zerstört oder werden inzwischen anders genutzt. Mehrerau entwickelte sich zu einer der bedeutendsten Kulturstätten Vorarlbergs und ist eine der wenigen Abteien, die bis heute ihren ursprünglichen Aufgaben nachkommen kann.
1806 hob die bayerische Zwischenregierung die Benediktinerabtei auf, die Kirche wurde abgerissen und die Steine für den Bau des Lindauer Hafens verwendet. Doch 1854 konnten die aus ihrer Abtei in Wettingen in der Schweiz ausgewiesenen Zisterziensermönche das alte Kloster Mehrerau kaufen und brachten es zu neuer Blüte. Sie legten Wert auf ein treues monastisches Leben nach der Zisterziensertradition und eröffneten gleich im ersten Jahr eine Lateinschule, später wurde daraus das Collegium Bernardi mit Gymnasium, Handelsschule und Internat. Außerdem errichteten sie nach Plänen des Münchner Hofarchitekten Eduard von Riedel eine neuromanische Kirche, die 1961 bis 1964 in die heutige Form umgebaut wurde. Aus der alten Benediktinerabtei ist eine um 1500 geschaffene Statue der Gnadenmutter Maria erhalten, die

heute in der Gnadenkapelle steht. Viele Menschen kommen mit ihren Bitten und Anliegen zu ihr.
Nach einer turbulenten Vergangenheit möchten die Mönche ihre Abtei als Zentrum christlichen Glaubens erhalten und mit ihrer Arbeit das religiöse und kulturelle Leben in der Region prägend mitgestalten.

Das Rheintal

Einst war der Alpenrhein ein Wildfluss, der sich tief in den felsigen Grund eingegraben hatte, oft sein Bett veränderte und sich ständig neue Wege bahnte. In der Wildnis der dadurch entstandenen Inseln lebte eine bunte Tier- und Pflanzenwelt. Doch für die Menschen war der Fluss gefährlich, vor allem zur Zeit der Schneeschmelze kämpften die Talbewohner gegen immer wiederkehrende Überschwemmungen. Heute ist der Fluss gezähmt. Er wurde begradigt und gekürzt. Teilweise ziehen sich die Dämme, auf denen die Wanderwege verlaufen, schnurgerade durch das Tal. Die wenigen alten Rheinläufe, die noch nicht reguliert wurden, sind wichtige Naturschutzgebiete, in denen seltene Orchideen wachsen und gefährdete Wasservögel brüten. Das Tal liegt auf einer Höhe zwischen 400 und 500 Metern, ist stellenweise bis zu 15 Kilometer breit.

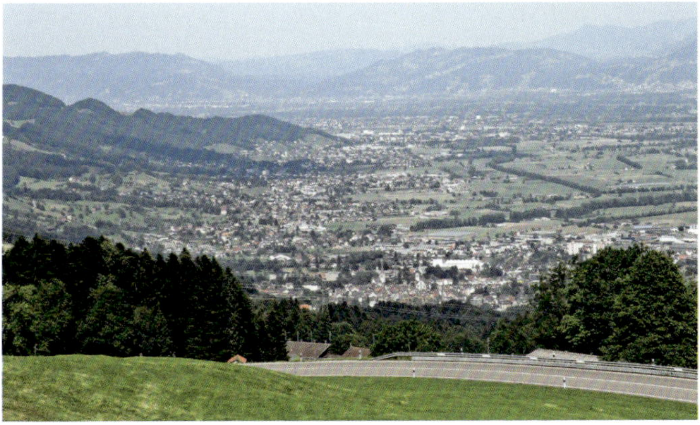

Blick vom Stoss ins Rheintal

Das Rheintal teilen sich das österreichische Bundesland Vorarlberg und die Schweizer Kantone St. Gallen und Graubünden sowie das Fürstentum Liechtenstein. Über weite Strecken bildet der Rhein die Staatsgrenze. Die Geschicke dieser Regionen sind stark miteinander verwoben und wechselhaft. Die heutigen Grenzen kristallisierten sich ab dem 16. Jahrhundert heraus.
Pilger allerdings, die wie wir das Rheintal an einem Hochsommertag durchqueren, wenn die dampfige Luft wie eine heiße Dunstglocke über dem Tal liegt, haben eine erste Herausforderung zu meistern und können erahnen, was ihnen auf einigen der südfranzösischen Wege oder in der Meseta in Spanien abverlangt wird.

Die alte Stätte – Altstätten

Froh und müde sind die meisten Wanderer, wenn die weite Ebene des Rheintals durchquert ist und sie das hübsche Landstädtchen am westlichen Rand der Rheinebene erreichen. Altstätten ist die einzige Stadt des St. Galler Rheintals und ihr traditionsreiches Zentrum. Erstmals urkundlich erwähnt wird der Ort 853 als »villa altsteti« (»Hof der alten Stätte«). Eine Urkunde des Stiftsarchiv St. Gallen hält fest, dass ein Mann namens Gerhard seinen Besitz im vorarlbergischen Lauterach dem Kloster St. Gallen übergab. Er erhielt als Gegenleistung das Recht, ein Besitztum des Klosters St. Gallen im Hof Altstätten zu nutzen. Demnach hat es also schon sehr früh eine Siedlung gegeben. Die weitere Entwicklung war eng mit der Geschichte des Klosters St. Gallen verbunden. Der Abt von St. Gallen Berchtold von Falkenstein ließ 1270 Altstätten mit einer Ringmauer umgeben und erhob damit den Ort zur Stadt. Im Schutz der Mauer konnten sich Handel und Gewerbe entwickeln. Das Untertor, einst Teil der Befestigungsanlage, ist als einziges von drei Stadttoren bis heute erhalten geblieben.

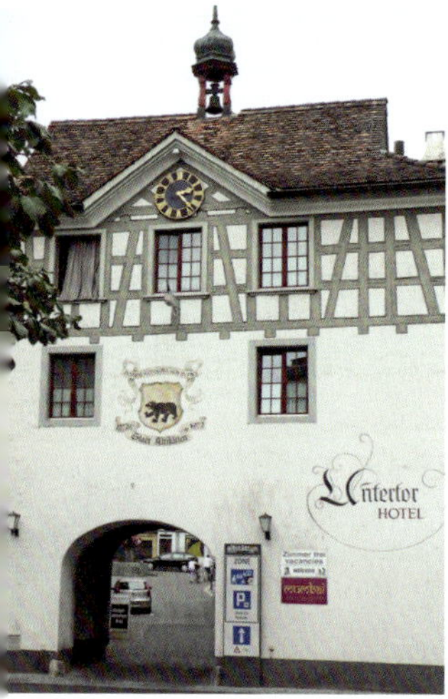

Das Untertor in Altstätten

Anfang des 15. Jahrhundert wurde die Stadt in die Appenzellerkriege verwickelt. Da sie nach der Schlacht am Stoss mit ihren Nachbarn einen Bund schloss, zog sie sich den Zorn der Habsburger zu und diese ließen aus Rache das Städtchen einäschern. Im 16. Jahrhundert wurde die Stadt neu aufgebaut, daher rührt auch die Bausubstanz. Im 18. Jahrhundert kamen mehrere Familien durch internationalen Textilhandel zu großem Reichtum. Ihre prächtig geschmückten Bürgerhäuser prägen heute noch die Altstadt und verweisen mit den geschweiften Giebeln auf ihren herrschaftlichen Anspruch. Auch die spätbarocke katholische Pfarrkirche St. Nikolaus entstand in dieser Zeit. Pilger können sich bei einem kleinen Bummel vom langen Tag erholen und dabei die historische Altstadt erkunden, in der Marktgasse durch die Laubengänge schlendern, sich in einem der Gasthäuser stärken, relaxen und sich an der schönen Stadt erfreuen.

Wegbeschreibung: Erste Etappe

Wir starten unseren Weg am Kloster **Mehrerau**, durchqueren das Klostergelände in Richtung See und biegen dort links auf den **Bodenseeweg** ab. Der Weg führt in ein Naturschutzgebiet. Wir lassen einen Yachthafen rechts und den Campingplatz links liegen und erreichen nach etwa einem Kilometer einen Kiosk, an dem der Fahrradweg im rechten Winkel nach links abbiegt. Unser Fußweg verläuft zuerst einige Schritte geradeaus in ein schattiges Wäldchen, dann parallel zum Radweg flussaufwärts. Nach circa 400 Metern erreichen wir die Radbrücke, auf der wir nach rechts die **Bregenzer Ach** überqueren. Hinter der Brücke verlassen wir bei einem Schießstand den geteerten Weg nach links, laufen ein Stück zurück in Richtung Bregenzer Ach und folgen dann dem Achdamm flussaufwärts. Bei der Achbrücke unterqueren wir eine Landstraße, bleiben aber auf dem Damm, bis ein Schild nach rechts zur Mittelweiherburg weist.
Wir gehen durch ein Industriegebiet, überqueren immer geradeaus einige Fahrstraßen, gelangen durch eine Wohnsiedlung in freieres Gelände und biegen vor der Bahntrasse nach rechts ab zur mehrere Hundert Meter entfernten **Mittelweiherburg**. Um 1570 wurde sie als Wasserschloss im Quellgebiet des Harder Dorfbachs erbaut. Sie wech-

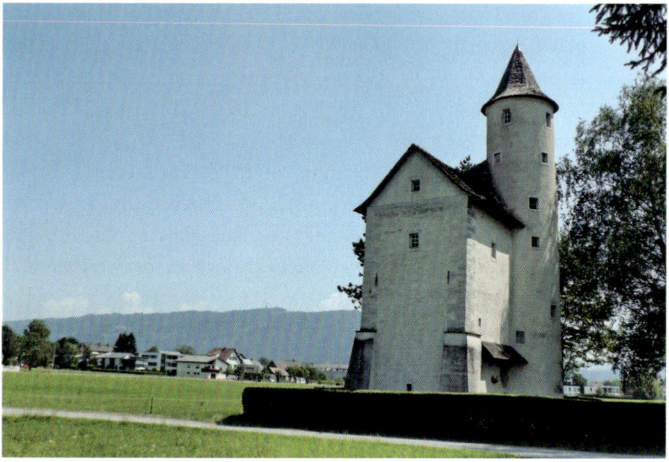

Die Mittelweiherburg am Ortsrand von Hard

selte öfters die Besitzer, ab 1794 war sie die Wiege der Vorarlberger Textilindustrie. Heute ist noch etwa ein Viertel des ehemaligen Adelssitzes erhalten und man hat ein Textilmuseum darin untergebracht.

An der Mittelweiherburg vorbei gehen wir auf der Rotachstraße weiter bis zur Mühlestraße. Wir zweigen links ab, unterqueren die Bahnlinie und folgen dahinter den Schildern zur Senderbrücke in die Kotterstraße. Diese mündet in den Bödeleweg, den wir nach etwa 100 Metern nach links auf einem Fußpfad verlassen. Er führt uns zu einer schmalen Fußgängerbrücke und dahinter auf einen Feldweg nach rechts Richtung Dornbirner Ach und Senderbrücke. Achtung: Beim Schild »Auf dem Stand« biegt der Weg nach links ab, wir aber müssen im rechten Winkel auf einen wenig begangenen Fußpfad 50 Meter zur Dornbirner Ach abbiegen. Auf dem Damm wandern wir in etwa einer halben Stunde zur **Senderbrücke**. Wir überqueren sie nach rechts Richtung Widnau/Schweiz, verlassen nach circa 200 Metern die Fahrstraße nach links und wandern auf der linken Seite des Vorarlberger **Rheintalbinnenkanals** durch eine weite, ebene Aue flussaufwärts. An der Heuriedbrücke quert der bezeichnete Weg nach Widnau den Fluss und führt auf der anderen Seite weiter.

Dieser Weg durchquert aber einen Bauernhof, der von einem sehr aufmerksamen Hund bewacht wird. Es ist deshalb empfehlenswert, nicht diese erste Brücke zu nehmen, sondern die kurz darauf folgende zweite, so umgehen wir den Bauernhof gefahrlos und befinden uns gleich auf dem geteerten Fahrweg dahinter. Nach einigen Hundert Metern verlassen wir den Fahrweg nach links in einen Feldweg, kommen nach einiger Zeit an einem schönen Feldkreuz mit Rastbank vorbei, unterqueren eine stark befahrene Autostraße und biegen nach der Unterführung rechts ab. An einem kleinen Wäldchen leiten Schilder nach links zur **Rosenkranzkapelle**. Der Weg führt an einem kleinen Kanal entlang und zweigt kurz vor der Kapelle über eine Brücke nach rechts ab Richtung Widnau/Lustenau. Es lohnt sich, die 200 Meter bis zur Kapelle dennoch zu gehen, sie bietet Schatten und lädt zu einer kurzen Besinnung ein.

Nach dem kleinen Umweg erreichen wir in kurzer Zeit **Lustenau** und seine stark frequentierten Ortsstraßen. Bei der ersten Kreuzung gehen wir an einem Zebrastreifen über die Straße, kommen zur Forststraße und folgen ihr weiter Richtung Widnau/Alter Rhein. Achtung: Wir biegen nicht zur Antoniuskapelle ab, sondern bleiben auf der Philipp-Krapf-Straße bis zur **Brücke Wiesenrain – Widnau** über den Rhein und damit zum **Grenzübergang** in die Schweiz und den Kan-

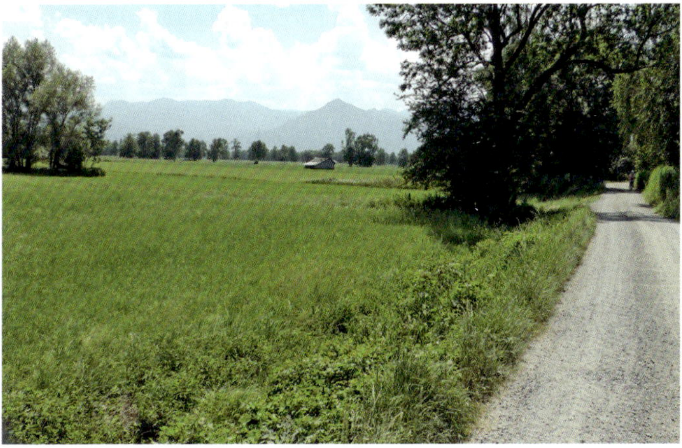

Weg durch das Rheintal

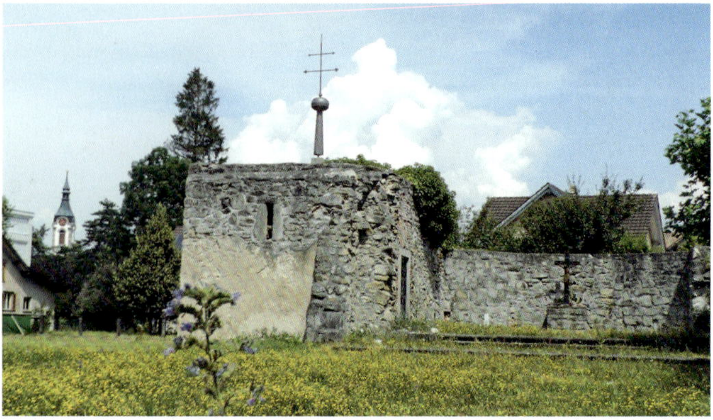

Mauerreste der alten Jakobskirche in Widnau

ton St. Gallen. Gleich hinter der Zollstation befindet sich das einzige Gasthaus direkt am Weg auf der langen Strecke zwischen Bregenz und Altstätten.

Wem die Strecke bis Altstätten zu weit ist, kann hier in Widnau oder in Balgach übernachten und am nächsten Tag weitergehen. Ab Balgach führt auch der luftigere Rheintaler Höhenweg Nr. 86 nach Altstätten.

Wir laufen hinter der **Zollstation** zunächst auf der Rheinstraße weiter, überqueren einen Kreisverkehr, nehmen dahinter die Böschachstrasse nach links und gelangen über die Alpstrasse, den Bünteliweg und die Kanzleistrasse zur **Pfarrkirche von Widnau**. Der Ort »Widenouwe« – eine mit Weiden bestandene Aue – wurde 1303 in einer Urkunde des Klosters St. Gallen erstmals erwähnt. Er gehörte über Jahrhunderte zum Reichshof Lustenau. Bereits seit 1504 hat Widnau ein Jakobs-Patrozinium. Im heutigen »Jakobihus« der Gemeinde befindet sich eine große Statue des Apostels Jakobus.

Am Friedhof vorbei erreichen wir den Rütiweg, der uns zu den Mauerresten der alten St. Jakobuskirche bringt. Rechts davon gehen wir über einen ampelgesicherten Fußgängerübergang zur **Aegetholzstrasse** und zum **Kanal**. Wir folgen dem Dammweg Richtung Tratthof/ Altstätten, der uns mal rechts, mal links vom Kanal bis kurz vor Altstätten führt. Ein Wanderweg zweigt vom Kanal nach rechts ab und leitet direkt in die Altstadt von **Altstätten**.

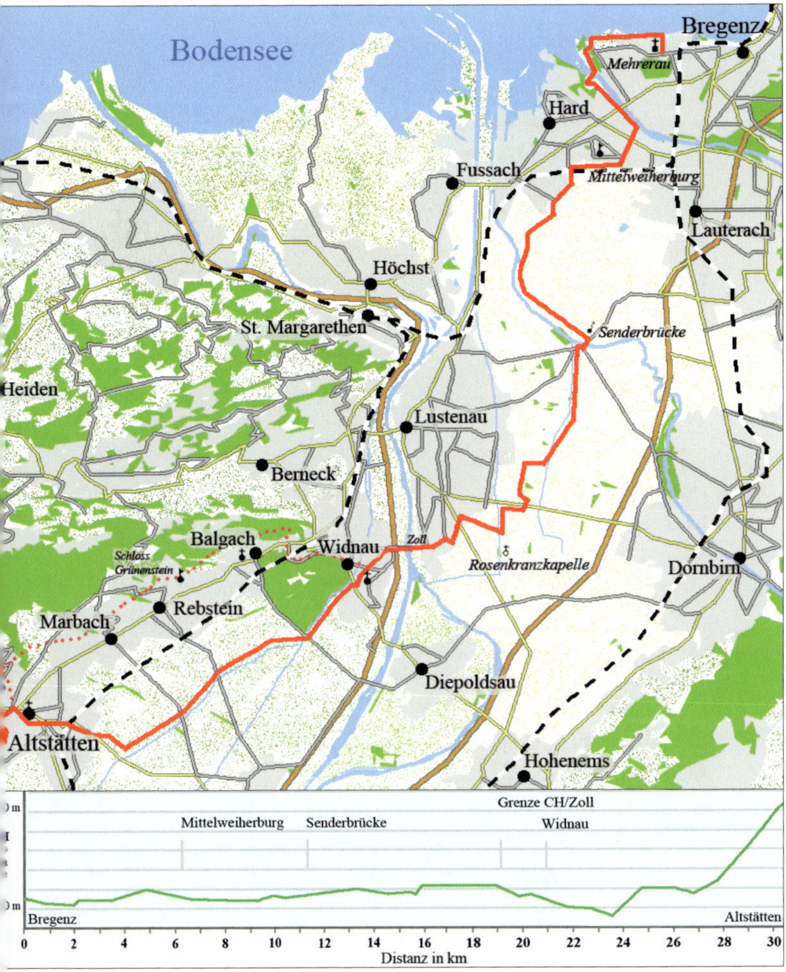

Weglänge: ca. 30 km

Übernachtungsmöglichkeiten: Bregenz, Lustenau, Widnau, Balgach, Altstätten

http://www.hanna-jakobsweg.de/sjw/t01/b01.htm

VON ALTSTÄTTEN NACH GONTEN

Über Stoss und Gais ins Appenzellerland

Wenn wir endlich die Passhöhe erklommen haben, genießen wir den schönen Blick hinunter ins weite Rheintal und tauchen mit jedem Schritt tiefer ein in die liebliche Kulturlandschaft des Appenzell zwischen dem Bodensee im Norden und dem Alpsteingebirge im Süden. Sein höchster Gipfel, der mit 2502 Metern alles überragende Säntis, wird in den nächsten Tagen allgegenwärtig für uns sein.
Hügelauf und hügelab wandern wir durch sattgrüne Sommerweiden, mitten hinein getupft liegen schmucke Bauernhäuser aus Holz, oft sind sie farbig und wenden ihre Fensterfronten der Sonne zu. Uns gefallen vor allem die kleinen Regendächer über den Fenstern, die vor schlechtem Wetter schützen.
Kenner behaupten, dass im Appenzellerland noch ein Lüftchen Urschweiz weht. Ob sie damit wohl den unvergleichlichen Duft meinen, der uns schon kurz vor dem Stosspass auch ohne Karte erkennen lässt, dass wir im Kanton Appenzell Ausserrhoden »auf dem Land« sind, in bäuerlich geprägter Gegend, in der die Landwirtschaft den Takt

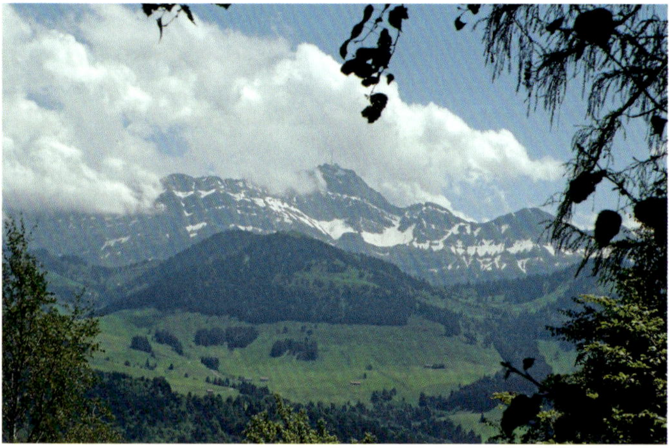

Alpsteinmassiv

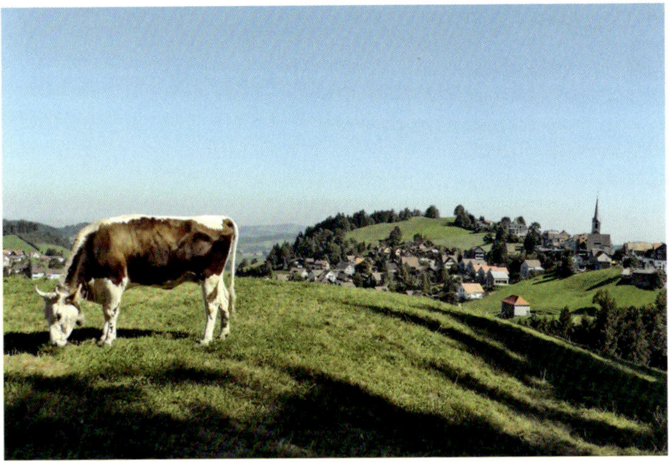

Eine »glückliche Kuh« vor Schwellbrunn

bestimmt und die Weidewirtschaft überall verbreitet ist? Als wir an einem heißen Frühsommertag durch die frisch geheuten Wiesen pilgern und uns nicht sattsehen können an der wunderschönen Bilderbuchlandschaft, zieht plötzlich ein Gewitter auf, Regen kündigt sich an. Schlagartig gehen wir schneller – nicht nur wegen des nahenden Gewitters, sondern auch, weil plötzlich wie aus dem Nichts Bauern auftauchen und aus dicken Schläuchen Gülle über die Wiesen spritzen. Der unvergleichliche Duft verfolgt uns noch tagelang. Kein Wunder, dass der Käse, der während der Alpzeit produziert wird, einen unvergleichlichen derb-deftigen Geschmack hat.

Die Menschen hier sind für ihre konservative Grundhaltung und eine große Traditionsverbundenheit bekannt. Die alten Bräuche werden noch ganz selbstverständlich gepflegt, zum Beispiel die Alpfahrt (der Almauftrieb) im Mai oder der Alpabtrieb im Herbst. Zu Beginn der Sommerzeit ziehen die Sennen mit ihrem Vieh im traditionell gegliederten Zug auf die Alpen: Allen voran ein Geißbub, ihm folgen die hübschen weißen Appenzeller Ziegen, die ein Mädchen in Tracht antreibt. Den drei Schellenkühen geht der Senn in gelben Lederhosen und mit an die Schulter gehängtem Melkeimer voran, dahinter vier Männer – drei in Sonntagstracht mit braunen Hosen und der Zusenn

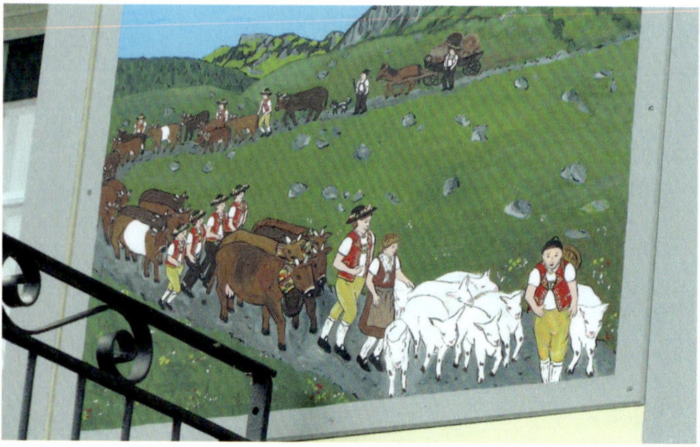

Die Alpfahrt an einer Hausfassade in Urnäsch

in Volltracht. Hinter dem Vieh geht der Bauer mit seinem Hund, dem Bläss. Gelegentlich führt dahinter ein weiterer Helfer einen Stier am Nasenring. Den Schluss des Zuges bildet der Fuhrmann. Mit Pferd und Wagen führt er alles Geschirr und Werkzeug, das der Senn zur Verarbeitung der Milch braucht.

Die Schlacht am Stoss

Ist es der weite Blick auf unzählige sonnenbeschienene grüne Hügel, auf die malerischen Dörfer, deren bunt bemalte Häuser das ganze Spektrum Schweizer Brauchtums zeigen, sind es die Almwiesen mit den Kühen und Kälbern – oder die Berge? Was hat die Bewohner des Appenzellerlandes geprägt, dass sie so freiheitsliebend sind und sich so ungern dreinreden lassen?

Immer wieder kommen Pilger in der offenen Landschaft an Gedenktafeln vorbei, auf den Dorfplätzen erinnern Heldenstatuen an siegreich bestandene Schlachten. So auch hier am kleinen Passübergang des Stoss, der das St. Galler Rheintal mit dem Appenzellerland verbindet.

Der Fürstabt des Reichsklosters St. Gallen hatte ein großes Herrschaftsgebiet, das sich vom Thurgau bis zum Säntis erstreckte. Doch die Kluft zwischen Untertanen und Herrschern wurde gegen Ende des 14. Jahrhundert immer größer, zudem waren sie sich über ihre jeweiligen Rechte und Pflichten nicht einig. Der Fürstabt des Klosters St. Gallen Kuno von Stoffeln war unbeliebt, weil er versuchte, seine Herrschaft zu festigen. Die Stadt St. Gallen verbündete sich mit den Appenzellern, um sich vom Kloster loszulösen. Auch die Appenzeller lagen schon seit längerer Zeit mit der Fürstabtei im Streit und verbreiteten Parolen von bäuerlicher Freiheit und Selbstbestimmung. Der Abt stellte sich unter den Schutz Österreichs, die Zeichen standen auf Krieg.

Als es 1405 zur Auseinandersetzung kam, stellten sich den etwa 1200 Habsburgern 400 Appenzeller entgegen. Diese warfen sich mit ihren Hellebarden in Keilformation von der Höhe herab auf die Gegner, nach dem Konzept der Eidgenossen in der Schlacht am Morgarten. Die durch den langen Aufstieg ermüdeten Habsburger wurden von den geländekundigen Verteidigern in relativ kurzer Zeit vernichtend geschlagen. Ermutigt von ihrem Sieg entstand unter Führung von St. Gallen und Appenzell der »Bund ob dem See« und ein neuer Mythos blühte: »Gott hat die Mächtigen wegen ihrer Laster gestraft und gedemütigt, die frommen Bauern aufgrund ihrer Glaubensstärke erhöht.«

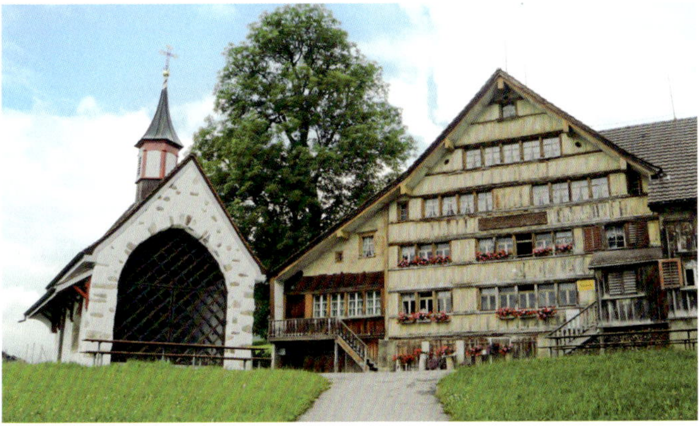

Wirtshaus am Stoss und Gedächtniskapelle an die Schlacht 1405

Appenzell

Das Dorf Appenzell ist politisches, wirtschaftliches und kulturelles Zentrum des einwohnermäßig kleinsten Kantons der Schweiz: Appenzell Innerrhoden. Vor der Reformation gab es nur einen Kanton Appenzell. Doch in der Gegenreformation führten konfessionelle Konflikte 1597 zu einer Teilung in zwei Halbkantone, das katholische Innerrhoden und das reformierte Ausserrhoden.

Uns erinnert Appenzell wie kaum ein anderes Dorf an die Urschweiz.

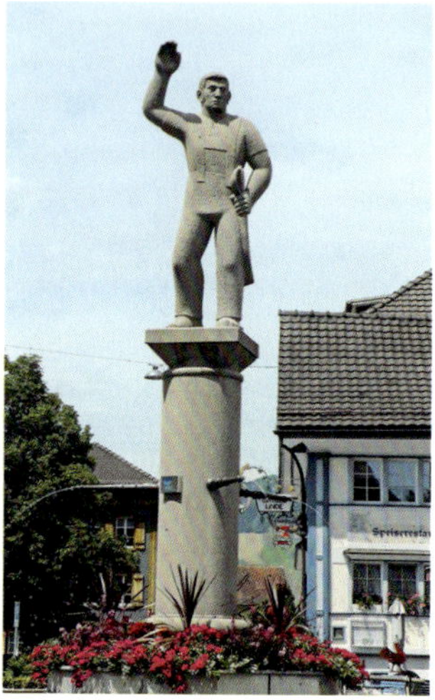

Landsgemeindeplatz in Appenzell

Die etwa 3000 wahlberechtigten Bürger von Appenzell Innerrhoden versammeln sich jedes Jahr am letzten Aprilsonntag auf dem Hauptplatz bei der Linde zur »Landsgemeinde«. Per Handheben treffen sie politische Entscheidungen ihres Kantons und praktizieren so die direkte Demokratie. Die Männer tragen ein Seitengewehr als Stimmrechtsausweis, die Frauen eine Stimmrechtskarte. Allerdings dürfen die Frauen erst seit 1991 mit abstimmen, als ihr Wahlrecht per Bundesgerichtsentscheid erzwungen wurde.

Appenzell liegt in der Talmulde der Sitter, grüne Hügel rahmen es von allen Seiten ein. Malerisch und heiter wirken auch die bunten Häuser, vor allem in der Hauptgasse, mit ihren bemalten Fassaden und geschweiften Giebeln. Die markante Pfarrkirche ist dem heiligen Mauritius geweiht und steht etwas erhöht über dem linken Ufer des Flusses. In ihrer Stiftungsurkude heißt es, dass Abt Nortpert von St. Gallen in »Abbacella« (einer Parzelle des Abtes) im Jahre 1071 eine Kirche gegründet habe. Der Ort ist also alt und hat eine bewegte Geschichte hinter sich, die hübsche Dorfanlage entstand nach einem verheerenden Brand, der um 1560 das Dorf fast zerstörte.

Appenzeller Käse – Genuss zum Dahinschmelzen

Mitten in Appenzell lesen wir auf einem Werbeplakat der Schaukäserei: »Entdecken Sie, wie unser Käse entsteht. Aber fragen Sie nicht nach dem Rezept.« Für uns passt das wieder zum Bild der selbstbewussten und eigenwilligen Appenzeller. Neugierig geworden versuchen wir, etwas mehr über ihren Käse zu erfahren.

Schon seit über 700 Jahren wird in der Bergwelt des Appenzellerlandes Käse produziert. Und die Appenzeller behaupten, es sei der würzigste Käse der Schweiz. In 65 Dorfkäsereien wird er nach traditionellem Rezept hergestellt. Die Milch stammt von Kühen, die nur mit gesundem Kräutergras gefüttert werden, nicht mit Silofutter. Und das Gras und Heu der Berge gilt ja als besonders würzig, was sich in der Qualität der Milch niederschlägt, die gerne als »Weißes Gold der Alpen« bezeichnet wird.

Nachdem ein Teil der Rohmilch entrahmt ist – der Fettgehalt des Appenzeller Käses ist genau festgelegt –, beginnt der Käsungsprozess. Danach wird die Masse in die runden Käseformen gefüllt und gepresst. Im Abtropfraum beginnt sich die Rinde zu bilden. Die Käselaibe werden immer wieder gewendet und während ihrer monatelangen Reifezeit regelmäßig mit einer geheimnisvollen »Kräutersulz« gepflegt. Dieses streng gehütete Rezept wird von Generation zu Generation überliefert. Der Geschmack allerdings ist weithin bekannt und

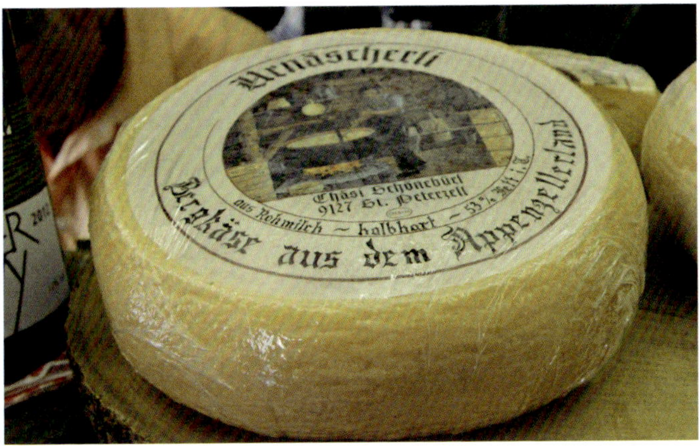

verleiht dem Appenzeller Käse sein einzigartiges würziges Aroma. Natürlich probieren wir in einem Gasthaus drei verschieden lang gereifte Appenzeller Käse – von mild bis sehr deftig – und sind von allen dreien angetan. Der mild-würzige heißt »Classic« und ist drei Monate gereift. Nach vier Monaten ist er schon kräftig-würzig und nennt sich »Surchoix«, der »Extra« ist sechs bis sieben Monate gereift und der »Räss« braucht sieben bis zehn Monate. Bei Letzterem wird der cremige Teil schon bröckelig, bei mir rutscht er allerdings nur zusammen mit viel Rotwein hinunter. Auch ein weißer Müller-Thurgau aus dem benachbarten Kanton würde gut dazu passen. Am Tisch nebenan beobachten uns amüsiert zwei fröhliche Appenzeller Frauen in ihrer Werktagstracht, essen das Gleiche wie wir und klären uns über die verschiedenen Geschmacksrichtungen auf. Stolz erzählen sie uns auch, dass die Frauen an Feiertagen wie z.B. Fronleichnam ihre traditionelle Tracht mit Flügelhauben tragen, und sie geben uns – ganz ohne Geheimnis(krämerei) – die Besonderheiten ihrer Tracht und der kostbaren Spitzen daran preis. Aber das ist eine andere Appenzeller Geschichte …

Wegbeschreibung: Zweite Etappe

Wir starten beim **Bahnhof** der **Appenzeller Zahnradbahn** von Altstätten nach Gais. Vermutlich werden wir uns heute noch öfters fragen, warum wir an diesem bequemen Transportmittel einfach vorbeigelaufen sind …

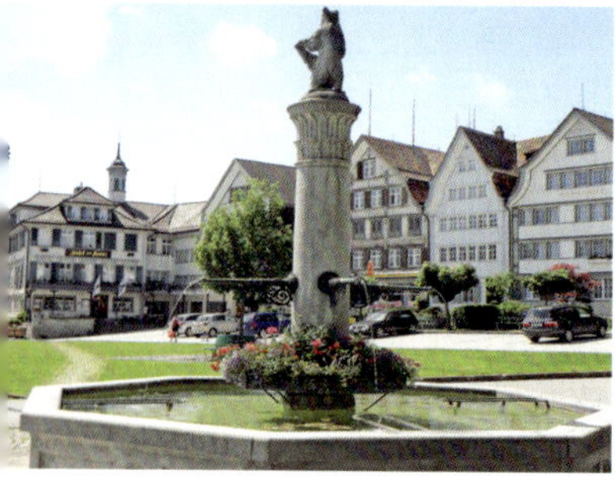

Dorfplatz mit Brunnen in Gais

Wir biegen in die Erlenstrasse ein und folgen dann der Forststrasse aufwärts bis zur **Forstkapelle**. Von da aus wandern wir auf dem aussichtsreichen Kammweg, bis wir eine Fahrstraße erreichen, auf der wir wenige Meter nach rechts abwärts gehen. Bei der ersten Kurve zweigen wir links auf einen Feldweg ab, er leitet uns geradeaus zum Bahnhof **Alter Zoll**. Wir überqueren die Bahngleise und setzen auf der anderen Seite unseren Weg aufwärts fort. Bei der Bahnhaltestelle **Warmesberg** gehen wir wieder über die Gleise, nehmen den Weg zu einem Flusslauf und steigen an dessen rechter Seite die nächsten 100 Höhenmeter bis zum Bahnhof **Kreuzstrasse** hinauf. Hier überqueren wir die Stossstrasse und überwinden auf dem Fußweg weitere 150 Höhenmeter zum **Stosspass** auf 942 Metern. Die Brotzeit im alten Gasthaus haben wir uns redlich verdient! An diesem historischen Platz sind die größten Anstrengungen des heutigen Tages überstanden, wir können uns die Gedenkkapelle anschauen, über die kriegerischen Auseinandersetzungen am Stoss nachdenken oder einfach nur die Aussicht ins Rheintal und auf die nahen Berge genießen.

Danach erwartet uns am rechtsseitigen Hang ein drei Kilometer langer gemütlicher Wanderweg, der direkt in die Ortschaft **Gais** mit seinem hübschen Dorfplatz und der sehenswerten reformierten Kirche führt. Vom Dorfplatz aus geht es durch die Langgasse und am Bahnhof vorbei bis zu einer großen Kreuzung, an der wir rechts über einen Parkplatz gehen und auf unser Wanderschild nach Appenzell stoßen. Wir unterqueren eine Hauptstraße, gehen auf einer Brücke über den kleinen Bach, dahinter trennen sich die verschiedenen Wanderwege. Unser Weg weist steil den Berg hinauf in Richtung eines **Sendemastes**. Linker Hand haben wir einen schönen Rückblick auf den Ort

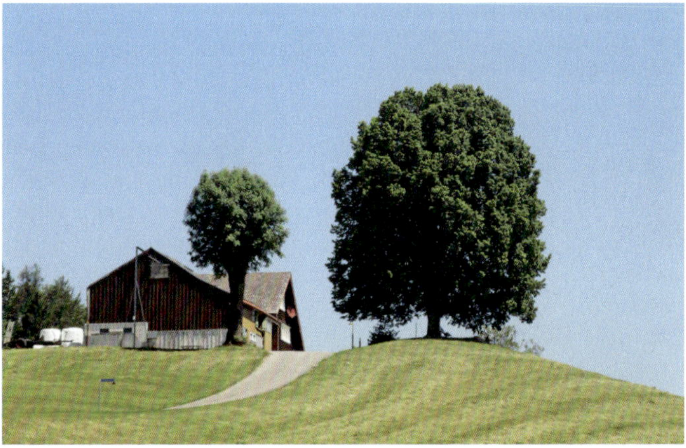

Bauernhaus mit mächtiger Linde im Appenzellerland

Gais. Vor uns präsentiert sich stolz das Alpsteinmassiv, daneben der markante Bergstock des Säntis. Noch weiter rechts entdecken wir den Kronberg, den wir morgen erreichen werden. Beim Sendemast müssen wir aufmerksam sein, weil wir hier den links abwärts führenden geteerten Feldweg verlassen. Stattdessen plagen wir uns geradeaus an einem Weidezaun entlang, auf einen wenige Hundert Meter entfernten typischen Appenzeller Bauernhof mit einer mächtigen Linde davor zu. Neben dem Baum sprudelt aus einem Brunnen köstlich frisches Quellwasser.

Wir folgen einem Verbindungsweg in Richtung der Ortschaft **Sammelplatz**, der sich von Bauernhof zu Bauernhof schlängelt. Der Weg ist gut markiert, erfordert aber unsere Aufmerksamkeit, weil er etwas unkonventionell durch die Landschaft mäandert. Die Rautenmarkierung führt durch die Wohngebiete von Sammelplatz. Wir verlassen das Dorf über die Straßen Sammelplatz und Studen auf dem Kapellenweg, einem aussichtsreichen Panoramaweg mit dem Namen »**Alpenpanoramaweg Nr. 3**«. Nach etwa einem Kilometer erreichen wir rechts auf einem kleinen Hügel die liebevoll gepflegte **Lehnkapelle** (Maria zur Sonne). Im kleinen Vorraum stehen 14 Kreuzwegtafeln. Vor der Kapelle lädt eine Bank unter einem großen Lindenbaum zum Rasten und Schauen ein.

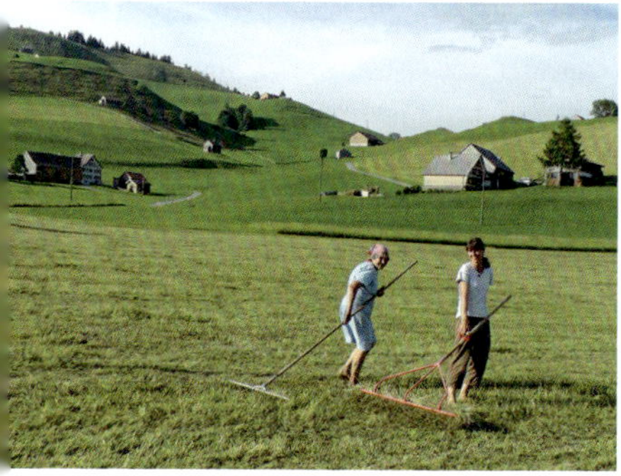
Fröhliche Gontener Frauen beim Heuen

Auf halbem Weg zwischen Kapelle und Appenzell dürfen wir die Fahrstraße verlassen und auf einem Wiesenpfad durch einen schattigen Tobel direkt nach Appenzell hinuntersteigen. Am Krankenhaus vorbei gelangen wir zur **Metzibrücke** über die Sitter. Hier vereinigt sich unser Weg mit dem **Appenzellerweg Nr. 44**, der nach St. Peterzell weiterführt. Auf der anderen Seite des Flusses erreichen wir die Pfarrkirche St. Mauritius und den zentralen Kern von **Appenzell**.

Wir verlassen den Ort, indem wir am **Landsgemeindeplatz** und am Brunnen vorbei die Hauptgasse hinuntergehen. Beim Gymnasium

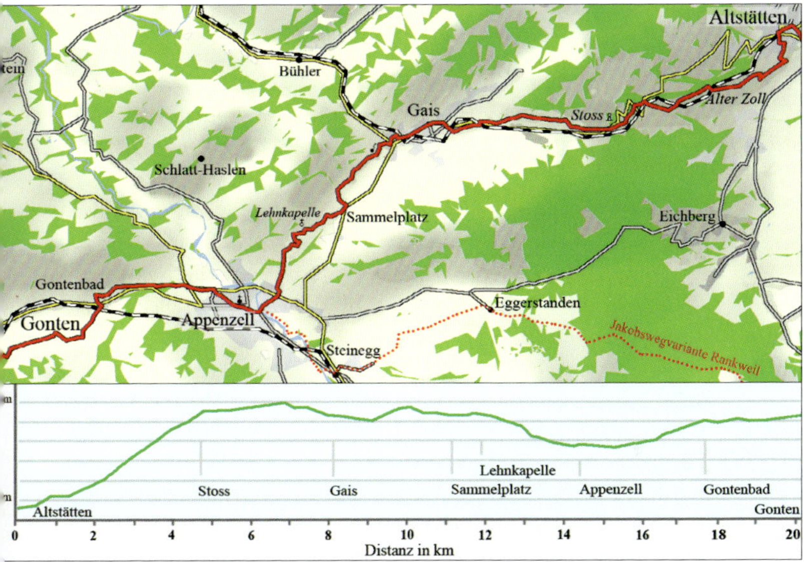

St. Antonius biegen wir rechts in den Weg Sandgrube ab. Wir erreichen die Hauptstraße von Appenzell nach Gonten, folgen ihr ein Stück nach links bis zu einer Kreuzung. Hier stoßen wir auf die Engggenhüttenstrasse und über sie auf einen Wanderweg, der aufwärts durch Wiesen und Tobel bis oberhalb von **Gontenbad** führt. Achtung: Hier biegt unser Weg scharf nach links ab, wir überqueren eine Hauptstraße und anschließend die Bahnstrecke. Durch eine offene Landschaft und mitten durch einen Golfplatz führt der »Barfußweg«, auf dem wir uns nun bewegen, durch das Gontener Hochmoor und über Wiesen und Weiden bis nach **Jakobsbad**. Für eine Übernachtung im Zentrum Gontens müssen wir die Via Jacobi verlassen und den Schildern nach **Gonten** hinein folgen.

Weglänge: ca. 20 km
Übernachtungsmöglichkeiten: Gais, Appenzell, Gonten

http://www.hanna-jakobsweg.de/sjw/t01/b02.htm

VON GONTEN NACH WATTWIL

Die fliegenden Pilgerstäbe des heiligen Jakobus

Jakobsbad! Warum heißt diese kleine Siedlung eigentlich Jakobsbad, fragt man sich als Pilger unwillkürlich. Dafür muss es doch einen Grund geben. Allerdings ist dieser gar nicht so leicht zu finden. Und er liegt 800 Meter höher als Jakobsbad, droben auf dem Kronberg, wo vielleicht im Mittelalter eine Variante des Jakobswegs vorbeiführte.
Seit dem 15. Jahrhundert stand am Nordabhang des Kronbergs eine dem heiligen Jakobus geweihte Kapelle, die 1925 auf die Scheidegg verlegt wurde. Vom Tal aus ist sie gut auf dem Bergrücken zu erkennen und wir können nicht widerstehen hinaufzusteigen. An der Stelle der alten Kapelle findet man heute eine kleine Felsengrotte mit einer Statue des heiligen Jakobus darin, direkt daneben steht der Brunnen mit der Jakobsquelle. Das Wasser sprudelt immer noch reichlich, ist herrlich kühl und schmackhaft und soll einen hohen Energiewert haben. Wir fühlen uns nach einer längeren Pause an diesem kleinen Kraftort wunderbar leicht und erfrischt. Auch heute noch kommen die Menschen aus der Umgebung hierher, um das Wasser zu trinken und damit im wahrsten Sinne des Wortes Energie »zu tanken«. Laut

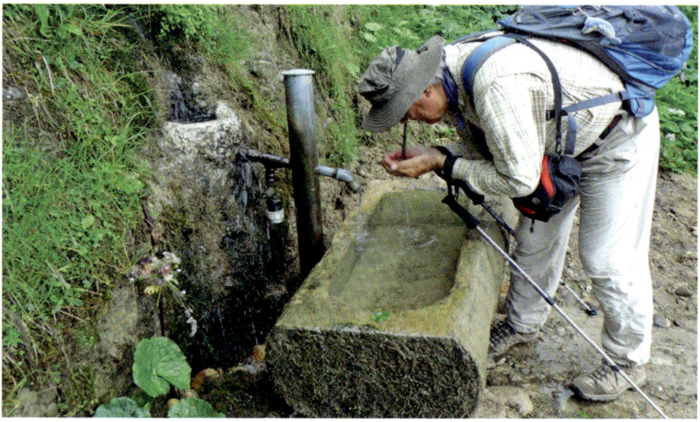

Jakobsquelle am Kronberg

Schilderungen aus dem 18. Jahrhundert galt der Jakobsbrunnen als »kalter Gesundbrunnen«, der bei Störungen der inneren Organe aufgesucht wurde.
Der besondere Brunnen, eine Legende und die Lage am Jakobsweg von Vorarlberg nach Einsiedeln und weiter nach Spanien lieferte Gründe genug: Der Ort wurde zu einer Wallfahrtsstätte, in der bereits 1456 auf einem tragbaren Altar Messen gelesen wurden. Wenn wir vom Brunnen aus die Bergflanke ein Stück weiter nach Osten verfolgen, kommen wir nach einer Viertelstunde zur neuen Jakobskapelle: Auf dem Altar eine große Statue von Jakobus, an den Wänden die acht Seligpreisungen der Bergpredigt und im Fenster das Wappen von Gonten mit den Pilgerstäben. Vor der Kapelle können wir die herrliche Aussicht in das hügelige Appenzellerland genießen und uns auf eine Brotzeit im nahen Gasthaus freuen. Über den Inhalt der Legende sind sich die Chronisten nicht so ganz einig: Gabriel Walser (1695-1776) berichtete, dass der Apostel Jakobus »in höchst eigener Person« hier gewesen sei und seinen Wanderstab bis nach Santiago de Compostela in Spanien geschleudert haben soll. Diese Legende zeitigt Auswirkungen bis heute, sind doch im Wappen des Bezirks Gonten zwei Pilgerstäbe als Symbol des Apostels Jakobus dargestellt. Und die Stäbe sind in den Farben Gelb und Rot hinterlegt – den Farben Spaniens.

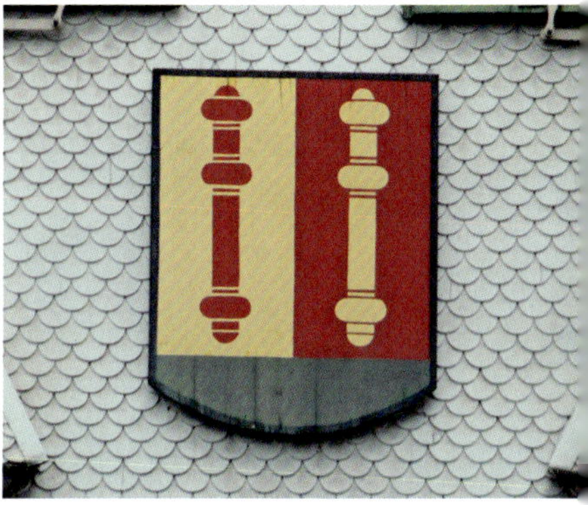
Wappen von Gonten an Hausfassade

Die zweite Variante der Legende passt besser zur Jakobsquelle: Jakobus soll nach einer heftigen Predigt in Santiago seine Pilgerstäbe so weit weggeschleudert haben, dass sie bis zum Kronberg flogen. Dort hätten sie sich am Nordhang in den Nagelfluhfelsen gebohrt und dadurch die Jakobsquelle zum Sprudeln gebracht. Die Siedlung am Fuß der Jakobsquelle, die zur Gemeinde Gonten gehört, heißt deshalb Jakobsbad. Das hübsch bemalte Kurhotel gegenüber der Seilbahn nimmt keine Pilger auf.

Als wir zum ersten Mal auf dem Schweizer Jakobsweg durch Gonten pilgerten und eine Übernachtung suchten, hatten alle Gasthäuser Ruhetag. Die Einheimischen schlugen uns vor, zum Übernachten mit der Seilbahn von Jakobsbad aus zum Kronberg hinaufzufahren und von dort aus weiterzugehen. Der Vorschlag verblüffte uns, konsterniert fragten wir uns, warum wir auf einem Berg übernachten sollten, wo wir doch auf dem Jakobsweg unterwegs waren. Irritiert gingen wir bis Urnäsch weiter, fanden ein Quartier, vergaßen den Kronberg. Im Nachhinein fragten wir uns, ob uns manchmal eigene Vorstellungen oder Vorurteile daran hindern, etwas Neues wahrzunehmen oder erleben zu dürfen. In unserem Fall ließ Jakobus nicht locker.
Als wir den Weg ein paar Jahre später nochmals gingen, lenkte er unsere Augen hartnäckig auf die merkwürdigen Stöcke im Wappen von Gonten. Nun endlich stießen wir auf die Legende mit den fliegenden Pilgerstäben. Der Vorschlag der Einheimischen, auf dem Kronberg zu übernachten, hatte also eine gewisse Logik und wir hätten bereits bei unserer ersten Pilgerwanderung auf diese Spur stoßen können …

Kloster Leiden Christi in Jakobsbad

Unterhalb des Kronbergs unweit des Kurhotels Jakobsbad befindet sich das Kloster Leiden Christi. Sein Platz im Talgrund war ursprünglich wohl eher unwirtlich, hat aber eine lange religiöse Tradition. Im späten Mittelalter wanderten die Pilger aus Österreich auf ihrem Weg nach Maria Einsiedeln hier vorbei. Nachdem das Land Appenzell kurz vor 1600 aus konfessionellen Gründen in Inner- und Ausserrhoden geteilt worden war, wurde in der Region zwischen dem katholisch gebliebenen Gonten im Kanton Appenzell Innerrhoden und dem reformierten Hundwil in Ausserrhoden der Wunsch nach einer Andachtsstätte laut. Daher errichtete man auf dem heutigen Standort des Klosters einen Bildstock: »Passionis Christi – liden christi«. Er enthielt ein Bild der Schmerzhaften Mutter Gottes, das bald als Gnadenbild verehrt wurde und besonders die vorbeiziehenden Pilger anzog. Während der Barockzeit wurde der Bildstock zu einer Kapelle erweitert, es ist die älteste und größte auf dem Gebiet der Pfarrei Gonten. Das Kloster selbst ist relativ jung. Es wurde 1851 gegründet.

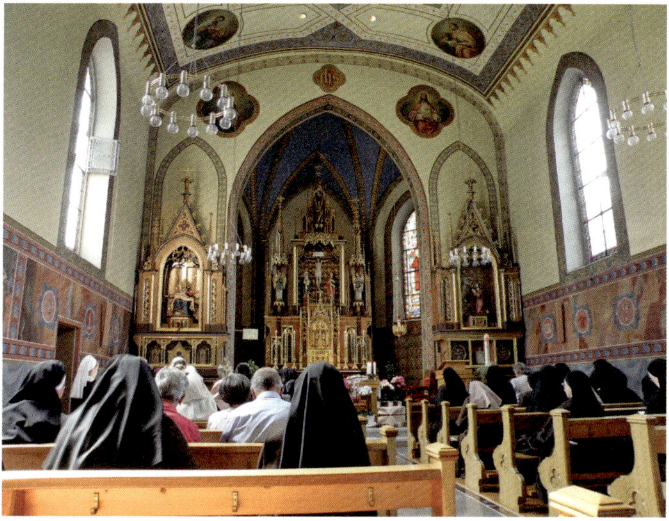

Klosterkirche Leiden Christi, Jakobsbad

Kurz darauf erhielten die Schwestern die Erlaubnis, das Allerheiligste in der Kapelle aufzubewahren. Die »ewige Anbetung« begann.
Wir wandern am Kloster vorbei, dessen Schwestern die klösterliche Tradition mit der Zeit von heute verbinden möchten. Neben ihrer Tätigkeit, Menschen in Not persönlich und auch mit ihrem Gebet zu begleiten, besitzen sie eine umfangreiche Klosterapotheke, in der man neben Salben, Kosmetika und Klosterlikören für viele Leiden ein Naturheilmittel findet. Auch hat eine der letzten Schwestern aus dem Kloster Maria der Engel in Wattwil hier ein neues Zuhause gefunden. Pilger werden leider nicht aufgenommen.

Auf dem Besinnungsweg nach Urnäsch

Beeindruckt von der Stille des Klosters und den netten Schwestern pilgern wir auf schmalem Pfad zufrieden aufwärts. Die sumpfigen Wiesen quellen über von silbrig glitzerndem Wollgras, violett und rosa blühenden Knabenkräutern und leuchtend gelben Trollblumen. Ein Schild mit dem Hinweis »Besinnungsweg« leitet zu einer ersten Tafel:

»Und vergib uns unsere Schuld, wie auch wir vergeben unsern Schuldigern« Die Bibel: Seid barmherzig, wie auch euer himmlischer Vater barmherzig ist. Vergebt einander. Liebt einander.
Hand aufs Herz: Bin ich mit mir selber großzügiger als mit anderen? Messe ich mit verschiedenen Ellen? Bin ich mir selber der Nächste? Bin ich bereit, wahrhaft zu vergeben, oder ist das Nagen von Wut und Hass und Verletztheit immer noch stärker?

Wie so oft auf dem Jakobsweg kommt der Impuls plötzlich, ohne Vorwarnung, und trifft mich deshalb umso stärker: Wer von uns ist nicht sich selbst gegenüber oft toleranter als anderen, setzt gelegentlich unterschiedliche Maßstäbe an? So einfach ist das mit der Liebe und der Barmherzigkeit gar nicht. Ich versinke in tiefes Grübeln …
Der Weg öffnet sich, gibt den Blick frei ins Tal und auf üppige Blumenwiesen, am Hang gegenüber weiden Kühe – die nächste Tafel ist gut gesetzt, kommt aber für mich viel zu früh:

»Unser tägliches Brot gib uns heute.«
In der Speisung der Fünftausend fragt Jesus seine Jünger: Habt Ihr etwas zu essen? Gebt Ihr ihnen zu essen!
Hand aufs Herz: Unseren Vorfahren war das tägliche Brot heilig. Wie habe ich es mit meiner täglichen Nahrung? Werfe ich fort, was nicht mehr frisch ist? Kann ich Ehrfurcht spüren vor den Früchten der Erde?

In unserem europäischen Kulturkreis gibt es ja Nahrung in Hülle und Fülle und wir kämpfen eher darum, nicht zu viel zu essen. Kommt aus dieser Fülle unsere oft gleichgültige Haltung, das alles für selbstverständlich zu nehmen? Dabei haben wir es immer noch nicht geschafft, alle Menschen auf der Erde mit genügend Nahrung zu versorgen. In der bäuerlichen Umgebung hier beobachten wir, welch langwieriger Prozess es ist, bis aus den Früchten der Erde Nahrung entsteht ...
Ein schmaler Pfad führt wieder zurück in den Wald, hohe Farne säumen den Wegrand, einige Wurzeln umgestürzter Bäume haben bizarre Formen angenommen und erzeugen das Gefühl, sich in einem Märchenwald zu befinden. Mittendrin die nächste Tafel:

»Dein Wille geschehe, wie im Himmel, so auf Erden.«
Jesus in Getsemane: Lass diesen Kelch an mir vorübergehen. Doch nicht wie ich will, sondern dein Wille geschehe.
Hand aufs Herz: Bildet sich mein Ego auch gerne ein, alles besser zu wissen? Richte ich mit meinem verengten Blick auch oft mehr Schaden an als Nutzen? Die Klarheit wächst aus dem göttlichen Willen, der liebevoll ist und barmherzig, schön und gut.

Wie oft passiert es mir, dass ich einen für mich neuen Gedanken einfach ablehne und dagegen argumentiere, nur weil ich mich mit dem Thema noch nie beschäftigt habe und erst viel später bemerke, dass da doch etwas Wahres dran ist? Sollte ich mir das mit dem »Ja, aber …« vielleicht nicht ganz so leicht machen? Das Gespräch ist verstummt, jeder ist mit seinen eigenen Gedanken beschäftigt. Noch mehrere Tafeln des Besinnungswegs bringen mich dazu, immer tiefer in die eigene Seele zu schauen. Hier auf dem Jakobsweg erscheint das Leben ja viel einfacher, die Prioritäten liegen fest, alles ist auf das Jetzt und Heute beschränkt. Aber im richtigen

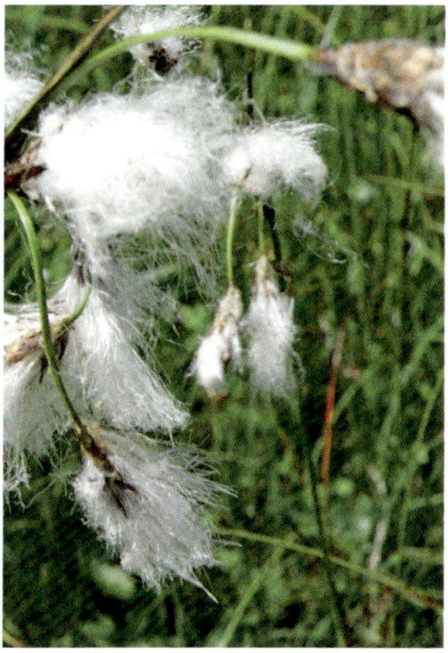

Wiesen mit Wollgras

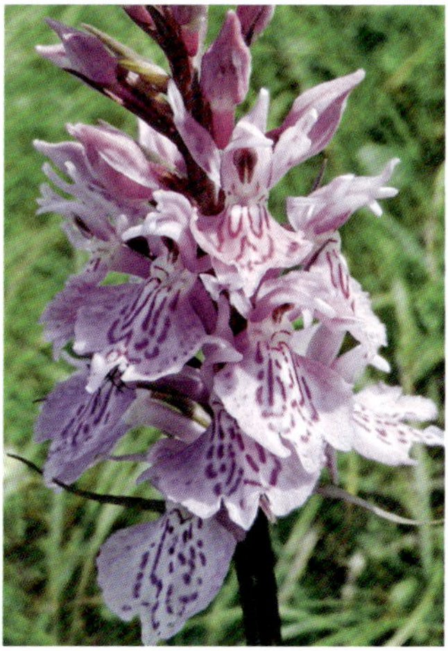

und Knabenkräutern erfreuen uns

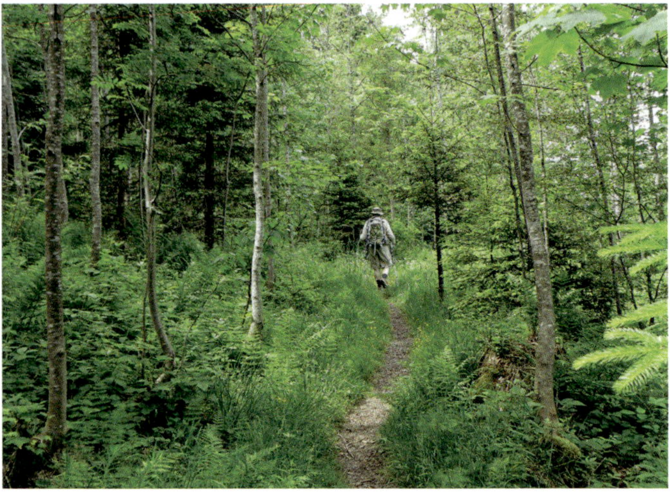

Auf dem Besinnungsweg nach Urnäsch

Leben? Ich werde wohl bis Santiago brauchen, um auf die vielen Fragen, die sich mir stellen, auch nur annähernd eine Antwort zu finden. Neben der letzten Tafel sitzt eine Pilgerin nachdenklich auf einer Bank, bereitet sich mit diesem Teilabschnitt auf ihren Jakobsweg vor. Wir plaudern mit ihr und spüren – der »Virus Jakobsweg« hat sie bereits voll im Griff. Sie ist eine Suchende, voller Fragen, auf die sie sich eine Antwort erhofft … Ja, jeder geht seinen eigenen Weg. Still wandern wir nach Urnäsch hinunter.

Urnäsch

Auf 830 Metern Höhe liegt das alte Dorf in den Hügeln des Appenzellerlandes. Der Dorfplatz mit seinen hübschen Gasthäusern aus dem 17. und 18. Jahrhundert lädt zum Verweilen ein. Schaut man sich dabei etwas genauer um, entdeckt man zwischen den Fenstern einiger Häuser aufgemalte Bilder, die das in Appenzell Ausserrhoden noch heute rege gepflegte Brauchtum zeigen.
Am bekanntesten ist der Winterbrauch des Silvesterklausens. Am 31. Dezember ziehen die Silvesterkläuse in kleinen Gruppen mit

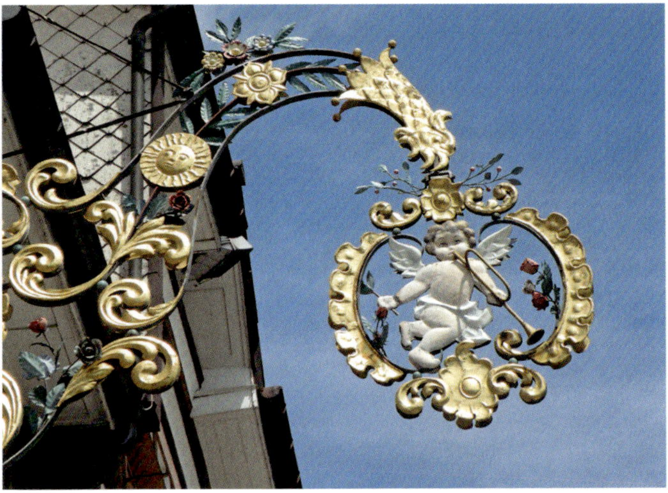

Zunftzeichen des Gasthauses zum Engel, Urnäsch

ihren Schellen singend und jodelnd von Haus zu Haus, um ein gutes neues Jahr zu wünschen. Es gibt die »Schönen«, die »Schön-Hässlichen« und die »Hässlichen«, jeweils in entsprechenden Masken, von schön bis furchterregend. Als im 16. Jahrhundert Papst Gregor XIII. den julianischen Kalender verbesserte, wollten sich die reformierten Ausserrhoder nicht vom Papst sagen lassen, wann sie ihre Feste zu feiern hätten. Deshalb wird der Brauch nochmals am 13. Januar gefeiert, dem alten Silvestertag.

In ungeraden Jahren wird am Blochmontag das Bloch – ein geschmückter Baumstamm, vorne das Urnäscher Wappen und hinten ein Bäumchen mit farbigen Taschentüchern – von den Männern auf einem Wagen bis nach Herisau und wieder zurück gezogen und dann auf dem Dorfplatz versteigert. Der Abend endet mit einem Essen im Gasthaus und einem öffentlichen Maskenball.

Neben den Alpfahrten der Bauern im Frühjahr und Herbst ist Urnäsch vor allem auch in der Appenzeller Musikszene ein Begriff. Es wird exzellente Streichmusik geboten und alljährlich findet Ende April ein Streichmusiktag statt.

Als Pilger wurden wir selbst am Ruhetag gut aufgenommen.

Wegbeschreibung: Dritte Etappe

Von der Ortsmitte in **Gonten** aus können wir Jakobsbad auch auf der Fahrstraße erreichen. Schöner ist es jedoch, zur Via Jacobi zurückzugehen und den Weg auf dem Barfußweg fortzusetzen. Ich kann nicht widerstehen, ziehe Schuhe und Strümpfe aus und tapse los. Zuerst auf weichem Moorboden, dann aber auch auf stacheligen Fichtenzapfen, Sägespänen und spitzen Steinen ziemlich ungewohnt für die von den Wanderschuhen verwöhnten Füße. Der kleine Bach zum Abkühlen und Erfrischen hinter dem Campingplatz in **Jakobsbad** kommt gerade recht und ich ziehe gerne wieder die Schuhe an. Wer den Jakobsbrunnen und die Jakobskapelle auf dem Kronberg besuchen möchte, kann mit der nahen Seilbahn einen Abstecher machen – oder auch zu Fuß hinaufsteigen und vielleicht oben übernachten.

Der Weiterweg führt geradeaus zum Kloster **Maria Leiden**, wir überqueren den Klosterhof und die Bahnstrecke und steigen zu einem kleinen Wäldchen hoch. Hier stoßen wir auf den **Besinnungsweg**, der uns in einer guten Stunden nach **Urnäsch** bringt. Vom Dorfplatz aus erreichen wir über die Tüfenbergstrasse den Weg nach **Oberdorf** und in einem anstrengenden Aufstieg die 200 Meter höher gelegene Alm **Hintereggli**. Ein kurzer, aber dafür steiler Pfad bringt uns hinauf zum Waldrand. Wir freuen uns über die Bank, auf der sich unser Puls bei einem atemberaubenden Blick auf Alpstein und Säntis wieder beruhigen kann.

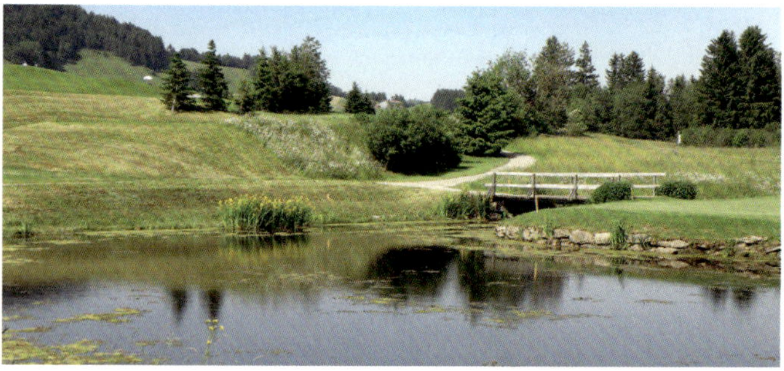

Im Gontener Moor

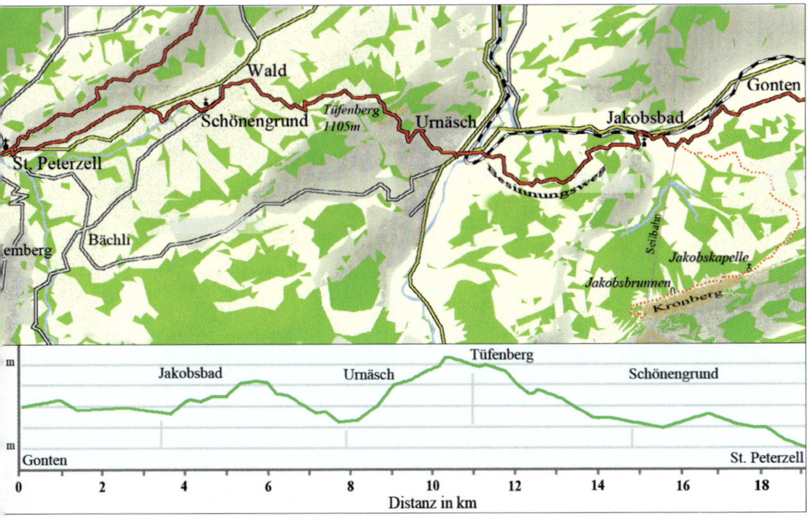

Der Weiterweg führt durch ein kurzes Waldstück zu den Hochalmen des Tüfenberges, dahinter beginnt der Abstieg nach **Schönengrund**. An der Kirche vorbei verlassen wir das Dorf und achten auf den Weg, der bald danach nach rechts und durch einen Bauernhof abzweigt. Im Talgrund überqueren wir den Tüfenbach und setzen unseren Weg nach links bis zu den Häusern von **Tüfi** fort. Hier biegen wir nach rechts ab, überqueren die Hauptstraße und folgen dem Weg über **Oberstofel** und **Rüti** hinunter nach **St. Peterzell** und zur Pfarrkirche St. Peter, wo sich unser Weg mit dem St. Gallerweg – Via Jacobi Nr. 4 – vereinigt.
Informationen über St. Peterzell sowie die Beschreibung des Weiterwegs nach Wattwil und Einsiedeln können Sie den Kapiteln über den St. Gallerweg (siehe S. 50 ff.) entnehmen.

Weglänge: bis St. Peterzell ca. 19 km, bis Wattwil ca. 27 km.
Variante von Jakobsbad mit der Bahn auf den Kronberg und über die Jakobsquelle zu Fuß zurück nach Jakobsbad: zusätzlich 8 km.
Übernachtungsmöglichkeiten: Urnäsch, Schönengrund, St. Peterzell, Wattwil
http://www.hanna-jakobsweg.de/sjw/t01/b03.htm

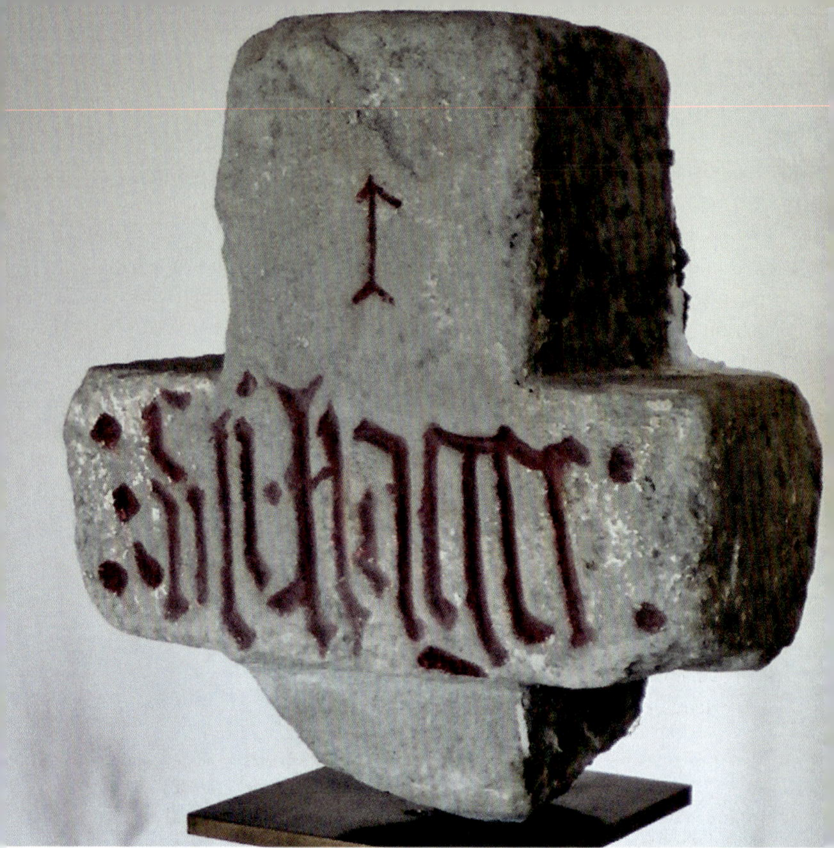

Von Einsiedeln an den Vierwaldstättersee

Ins Herz der Schweiz

Den Pilger keine Grenzen trennen,
nur Berg und Tal kann trennend sein.
Sehr gut lässt dies die Schweiz erkennen,
wandert man in ihr Herz hinein.

VON EINSIEDELN NACH BRUNNEN

Das Kloster in der Au

Einsam, malerisch und dennoch imposant liegt es am Waldrand: das Benediktinerinnenkloster in der Au. Die erste Schwester treffen wir bereits am Wegkreuz vor dem Kloster an, als sie dort liebevoll die Blumen pflegt und gerne ein Schwätzchen mit uns hält. Dabei erzählt sie uns auch von der Besonderheit des kontemplativen Klosters: Seit 1845 wird hier 24 Stunden am Tag die »ewige Anbetung« gepflegt. Für uns strahlt das Kloster von außen und innen eine ganz besondere Schönheit und Frieden aus.

Das Frauenkloster geht auf Waldschwestern zurück, die sich im 13. Jahrhundert in den Wäldern um Einsiedeln niedergelassen haben. Die Gemeinschaft der Beginen bestand aus etwa 40 Schwestern. 1535 wurden mehrere Häuser zum heutigen Standort zusammengelegt. 1617 übernahmen die Schwestern unter dem Einfluss des Abtes von Einsiedeln die Regeln des heiligen Benedikt und 1619 begann man mit dem Bau eines Klosters.

Heute leben etwa 25 Schwestern im Kloster. Sie verdienen sich ihren

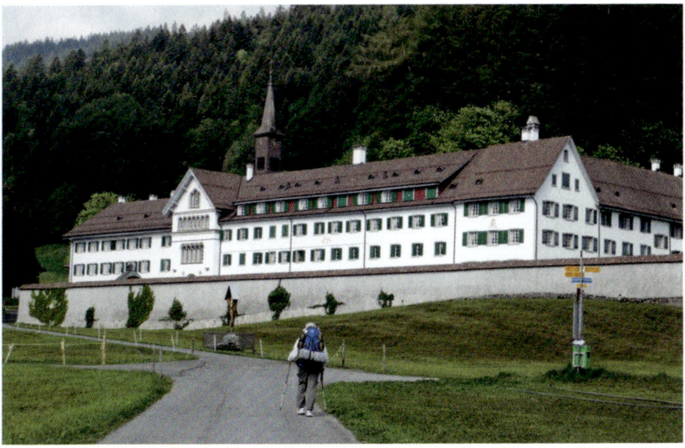

Das Kloster in der Au

Lebensunterhalt mit Paramentenstickerei, Fahnen oder Trachten und einer kleinen Landwirtschaft. An der »ewigen Anbetung« nehmen auch Gläubige aus dem Volk teil und werden zu bestimmten Stunden des Tages oder der Nacht eingeteilt. Die Schwestern wünschen sich nichts sehnlicher, als dass es immer wieder Menschen gibt, auch außerhalb der Klostermauern, die sie dabei unterstützen, die »ewige Anbetung« aufrechtzuerhalten. Wir hoffen, dass ihr Wunsch in Erfüllung geht.

Dass sie ihr vom heiligen Benedikt stammendes Lebensmotto – »Dass in allem Gott verherrlicht werde« – verinnerlicht haben, bemerkt man sofort, wenn man mit ihnen spricht. Betritt man ihre Klosterkirche, hüllt einen zuerst tiefe Stille ein. Hier, wo zu jeder Tag- und Nachtzeit eine der Schwestern vor dem Allerheiligsten das ewige Gebet spricht, fällt einem auch das eigene Beten leichter, entwickelt sich zu einem Dialog mit Gott und man kann Last ablegen, Bedrückendes hinter sich lassen, neue Kraft gewinnen. Auch in der Kirche selbst drückt sich das Motto der Schwestern aus: Die Wandbilder sind etwas ungewöhnlich, treffen aber mit ihren lichten Farben das Thema Freude, Licht und Hoffnung gut. Im Zentrum der Kirche steht ein kreisrunder Altar, der Tabernakel als Weltkugel soll Altarraum, Schwesternchor und Laien-

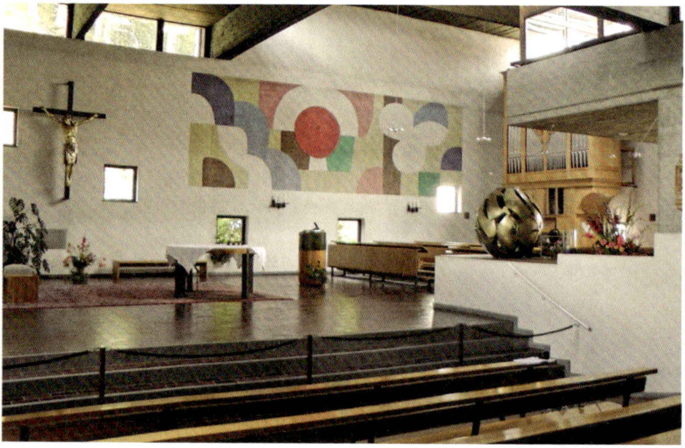

Klosterkirche in der Au

schiff verbinden. Für Pilger steht ein Gefäß bereit, in dem sie einen persönlichen Stein deponieren können, als Sinnbild für die Anliegen und Wünsche ihres Lebens. Mit dem Segenswunsch der Schwestern verlassen wir das Kloster.

Die Haggenegg

Und schon wieder stehen wir an einem Übergang, wie so oft in der Schweiz. Dieses Mal ist es der mit 1414 Metern höchste auf dem Schweizer Jakobsweg. Neben den Jakobspilgern nach Santiago benutzten ihn auch Pilger nach Maria Einsiedeln, die aus dem Süden kamen. Schon 1483 gab es auf der Passhöhe eine Pilgerherberge. Sie und mehrere Kapellen zeugen von der Bedeutung des alten Übergangs.

Die alte Pilgerkapelle auf der Haggenegg wurde nun vor dem Verfall gerettet, umfassend restauriert und am Jakobstag 2010 wieder eingesegnet. Das Innere ist eher schlicht gehalten und lädt Pilger zum Innehalten und Verweilen ein. Im Zentrum auf einer Stele das alte Steinkreuz – vermutlich ein Sühnekreuz –, das man um 1700 in der Erde gefunden hatte, als man ein neues Haus bauen wollte. Der damalige Pfarrer notierte sich die Kreuzinschrift, berichtete über den Fund und auch darüber, dass man ein kleines »Bethäuslein« errichtet und das Kreuz in den Altar eingemauert hat. Über Alter und Bedeutung des Kreuzes gehen auch heute noch die Meinungen auseinander. Beim genaueren Hinsehen entdeckt man oben ein Steinmetzzeichen in Form eines Pfeiles – ein Vorläufer unserer »gelben Pfeile« am Jakobsweg? Aber ob nun altes Pilger- oder Wegkreuz – Pilger freuen sich, dass es da ist und ihnen in dieser Kapelle Richtung und Zuversicht gibt. Sie fühlen sich dadurch in die lange Pilgertradition

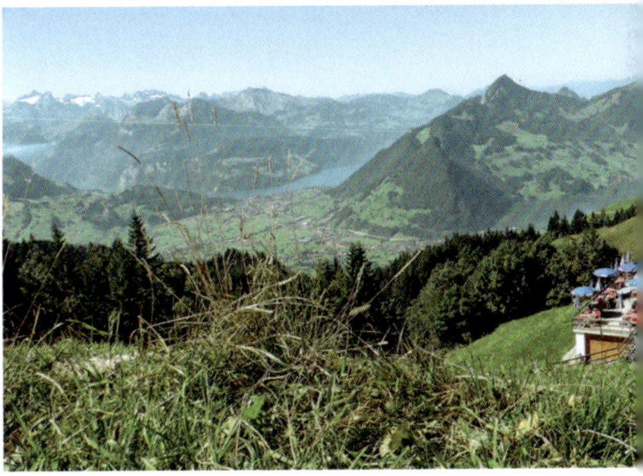
Passhöhe von Haggenegg mit Berggasthaus

eingebunden. Auch eine Dachluke ist im Original erhalten geblieben: Jeweils am Jakobstag, dem 25. Juli, um 13.30 Uhr, fällt der Strahl der Sonne durch diese Luke direkt auf das Kreuz. Vielleicht stand es ja wirklich schon in uralter Zeit an der höchsten Stelle des Passweges.

Die etwas weiter westlich der Passhöhe gelegene Muttergotteskapelle ist jüngeren Datums, 1921 eingeweiht. Außen ganz mit Schindeln verkleidet, birgt sie im Inneren eine Kopie des Einsiedler Gnadenbildes. Der Ursprung geht auf ein geschichtliches Ereignis im 18. Jahrhundert zurück, als man das Gnadenbild aus Einsiedeln vor den Franzosen in Sicherheit brachte und auf der Haggenegg vergrub. Nach der Franzosenzeit errichtete man an dieser Stelle zuerst einen Bildstock, später die Kapelle. Der alte Verbindungsweg über den Pass ist seit jeher mit zahlreichen Wegkreuzen, Bildstöcken und Kapellen geschmückt.

Auf der Terrasse des Gasthauses Haggenegg etwas unterhalb der Passhöhe genießt man einen wunderschönen Blick auf den Lauerzer- und den Vierwaldstättersee und hat eine fantastische Rundsicht auf die Berge, es sollen über 50 sein. Wir freuen uns, wenigstens die Rigi auf Anhieb zu erkennen. Und die Mythen natürlich! Der Kleine Mythen ist zum Greifen nah, direkt gegenüber; beide zusammen, grandios und beeindruckend, das Wahrzeichen von Schwyz.

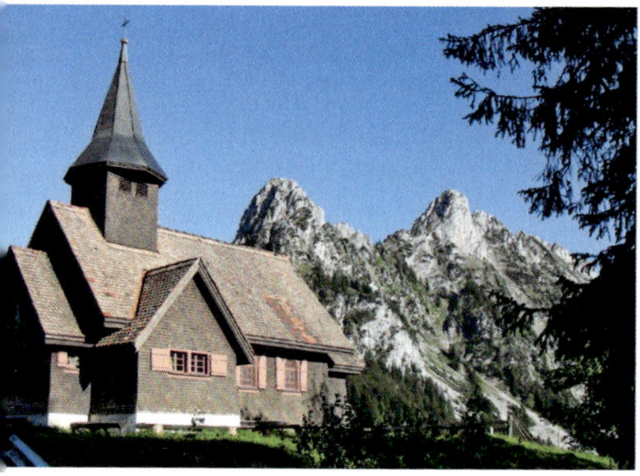

Muttergotteskapelle Haggenegg vor den Mythen

Auf der Haggenegg war auch schon Johann Wolfgang von Goethe zu Gast, als er die Schweiz bereiste. Er soll 1775 und 1797 jeweils zu Fuß nach Schwyz abgestiegen sein. Fasziniert von der Landschaft und dem Licht skizzierte er die Mythen auf Papier und hielt sie in seinen Memoiren »Dichtung und Wahrheit« fest: »An diesen ungeheuren unregelmäßigen Naturpyramiden stiegen Wolken nach Wolken hinauf …« Goethes Freund Friedrich Schiller haben solche Schilderungen bewogen, die Mythen in der Einstiegsszene des Dramas von

Wilhelm Tell hervorzuheben, er wollte damit den Eindruck von Erhabenheit erzeugen.

Schwyz und die Mythen

Einstmals thronten auf der Spitze des Großen Mythen König Hakon und seine Gemahlin, die aus dem Hohen Norden stammten. Weil dort eine große Hungersnot herrschte, wurden jede Woche Männer ausgelost, die auswandern mussten. Zwei Brüder führten sie in das Gebiet am Fuß der Mythen, wo sie glücklich leben konnten. Als nach etlichen Jahren auch König Hakon mit seiner Gemahlin dorthin kam, wollten seine früheren Untertanen nichts mehr von ihm wissen. Sie hatten inzwischen erfahren, wie gut es sich in Freiheit leben ließ. Daraufhin zog sich Hakon mit seiner Gemahlin grollend zurück. Doch sie wurden seitdem oft auf dem Großen Mythen gesehen: Meist sitzt Hakon dann mit seiner Gemahlin traurig da und sie schauen hinab ins Land. Manchmal aber erhebt er sich bei Gewittern als böser Geist in Donner und Blitz. König Hakon hat der Berg auch den Namen ›Hacken‹ zu verdanken.

»Hakon« ist eigentlich ein norwegischer Vorname, ob es wohl auch einen Habsburger dieses Namens gegeben hat? Denn die Mythen sind untrennbar mit dem Gründungsmythos der Schweiz verbunden, auch die ersten Alpgenossenschaften, die Urzellen der Eidgenossenschaft, gab es in dieser Gegend. Durch ihre Symbolkraft wurden sie zum häufig verwendeten Markenbegriff.

Das Bergmassiv der Mythen besteht aus zwei markanten Felspyramiden: Dem Großen Mythen mit 1898 Metern und dem Kleinen Mythen mit 1811 Metern. Auf den Großen Mythen führt ein breiter Fußweg, der jährlich von vielen Wanderern begangen wird. Die Besteigung des Kleinen Mythen ist schwieriger und bleibt mehr den Kletterern vorbehalten. Nach Schwyz zu fallen sie fast 1400 Meter ab.

Am Fuß der Mythen erreicht unser Pilgerweg das Zentrum der Urschweiz. Das Städtchen Schwyz, das sich selbst liebevoll »Flecken« nennt, ist Hauptort des gleichnamigen Kantons. Urkundlich ist Schwyz 972 als »Suittes« erstmals erwähnt, aber es scheint viel älter. Der Name erklärt sich weder aus dem Alemannischen noch aus dem

Romanischen, müsste also aus vorrömischer Zeit stammen, vermutlich ist er keltisch.

Und weil dieser Kanton der wichtigste der drei Schweizer Urkantone Uri, Schwyz und Unterwalden war, übertrug man seinen Namen auf die ganze Eidgenossenschaft: Schweiz. Nicht nur geografisch, sondern auch durch die Mentalität ihrer Bewohner und politisch unterscheidet sich die Zentralschweiz von den anderen Regionen. Sie versteht sich als die Wiege der Eidgenossenschaft. Außerdem war Schwyz wichtiger Mittelpunkt des Söldner-Unternehmertums. Schon im 13. Jahrhundert standen Söldner aus dem heutigen Kanton Schwyz im Dienst europäischer Mächte. Auch die Reformation hat hier nicht viel ausrichten können, die Kantone sind bis heute überwiegend katholisch. Die Verbindung zu den angrenzenden reformierten Gebieten des Mittellandes war dadurch zuweilen etwas schwierig.

Die Fahne der Schweiz ist der von Schwyz ähnlich, man hat sich wohl bei der Gestaltung der Nationalflagge davon inspirieren lassen. Sie zeigt ein weißes griechisches Kreuz auf rotem Grund, in Gemeinde und Kanton Schwyz ist das Kreuz viel kleiner und im Obereck untergebracht.

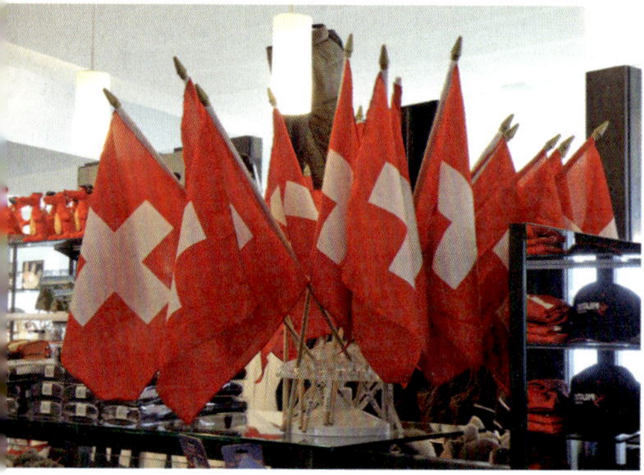

Schweizer Fahnen, wohin man schaut

Beim Durchwandern der Schweiz fällt uns das besondere Verhältnis der Menschen zu ihrer Fahne auf: Sie weht in fast jedem Garten, vor jedem Haus, an jeder Burgruine, auf jedem Berg. Beim Almabtrieb sind die Kühe damit geschmückt und am Schweizer Bundesfeiertag gleicht das ganze Land einem rot-weißen Fahnenmeer. Ebenso wird das Schweizer Kreuz gerne auf Souvenirs, Kleidung und anderen Objekten angebracht.

Aber nicht nur die Schweizer Fahne ist in der Tradition stark verwurzelt, die Schweizer besitzen wohl auch ein starkes Geschichtsbewusstsein, was besonders in Schwyz augenfällig ist: Im Bundesbriefmuseum werden sämtliche Gründungsurkunden der Eidgenossenschaft von 1291 bis 1513 verwahrt, als Hauptexponat ist natürlich der Bundesbrief der Eidgenossen von 1291 zu sehen. Die Fassade des Rathauses zieren Begebenheiten aus der Geschichte wie beispielsweise die Schlacht am Morgarten 1315. Die Malereien entstanden 1891 zur 600-Jahr-Feier der Eidgenossenschaft.

Ein verheerender Brand zerstörte 1642 das Dorf fast völlig. Beim Neuaufbau erhielten Rathaus und Kirche ein größeres Gewicht. Heute beeindruckt der Hauptplatz durch seine barocke Anlage, allerdings sollte man die Augen nicht nur auf die hübschen Fassaden der Herrenhäuser und den Brunnen in der Mitte richten, denn die fünf einmündenden Straßen sorgen für pulsierenden Verkehr. Dessen ungeachtet bietet der Platz für alljährlich wiederkehrende Feierlichkeiten wie Fasnacht, Fronleichnam oder die Dorffeste eine stimmungsvolle Kulisse.

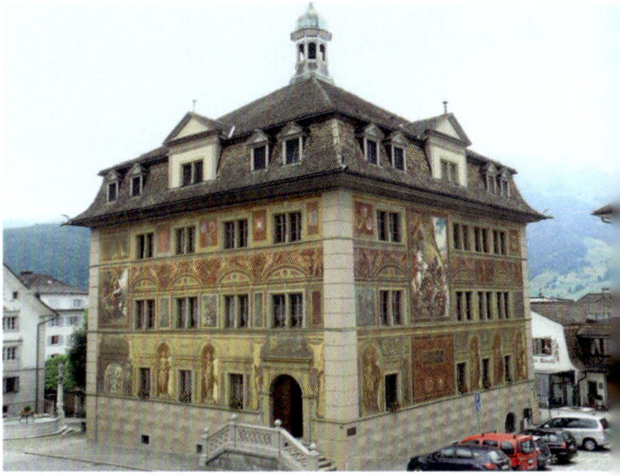

Das Rathaus von Schwyz

Auf der Nordseite, erhöht auf einer Terrasse stehend, beherrscht die Pfarrkirche St. Martin den Platz. Nicht nur ihr Patrozinium weist darauf hin, dass ihre Gründung in die merowingische Zeit des 7./8. Jahrhunderts zurückreicht. Mauerreste gaben Hinweise auf merowingische, spätkarolingische, romanische, gotische und frühbarocke Bauten. Die heutige Kirche ist ein Werk der Brüder Jakob und Johann Singer von 1774. Die Hallenkirche ist prunkvoll ausgestattet und gilt mit ihrem stattlichen Hochaltar, ihren dem Thema Christus und Maria gewidmeten Deckenmalereien, der prächtigen Kanzel und den barocken Seitenaltären als die »festlichste Pfarrkirche der Schweiz«.

Auch zahlreiche überlieferte Sagen und Legenden sowie vielfältige Bräuche, die sich in Schwyz erhalten haben, lassen darauf schließen, dass es sich um eine sehr alte Siedlung handelt.

Kloster Ingenbohl

»Alles beginnt mit der Sehnsucht!« So erklären die Ingenbohler Schwestern, was ihrem »Ruf« ins Kloster meist vorausgeht, warum sie sich für ein Leben als Ordensfrau entschieden haben. Eine seltsame Parallele! Genau dieselbe Antwort geben viele Pilger auf die Frage, warum sie auf dem Jakobsweg unterwegs sind. Dabei war ich immer der Meinung, dass Pilgern, unterwegs sein in der Fremde – Peregrinatio – im krassen Gegensatz steht zum Leben im Kloster – der Stabilitas loci. Welche interessanten Gemeinsamkeiten mag es noch geben?

Beinahe wären wir daran vorbeigelaufen, haben nur noch unser Ziel, den Vierwaldstättersee, im Sinn – doch eine Muschel-Abzweigung erinnert uns rechtzeitig an das Mutterhaus der etwa 3600 Kreuzschwestern in 403 Niederlassungen in aller Welt. Sie gehören zur großen franziskanischen Ordensfamilie. Und weil der Jakobsweg direkt am Kloster vorbeiführt, bieten sie den Pilgern Unterkunft, Pilgergottesdienste und gemeinsame Pilgergebete an. Liebevoll werden wir aufgenommen und betreut.

Pilgern kommt ja aus dem frühen Mönchtum und steht für: leben in der Fremde, Abschied vom Gewohnten nehmen, um sich bewusst zu machen, dass unsere Heimat woanders ist. Später gab es auch ein asketisches Ideal, die Heimatlosigkeit: ganz in der Fremde bleiben, aushalten anstatt davonzulaufen, auch vor sich selbst. Fremdheit kann also auch an einem einsamen Ort erfahren werden: Locus peregrinatio. Mit dieser Deutung kommen wir dem Klosterleben schon näher, hier berühren sich Pilgern und Bleiben. Und wenn wir »Peregrinatio« auch begreifen als Prozess, bei dem wir uns immer wieder verändern, beweglich bleiben, uns die Bereitschaft für Unwägbarkeiten erhalten – auf dem Weg und im Herzen – und immer wieder das Ziel ins Auge fassen, dann kann das auch für den Lebensweg im Kloster gelten. Die Ingenbohler Schwestern möchten vor allem Franziskus nacheifern und die Botschaft des Evangeliums mit dem Feuer der Liebe in unsere Welt tragen. Was läge da näher, als sich auch mit den vorbeiziehenden Pilgern auszutauschen?

Wir haben das Glück, an einem Pfingstsonntag in Ingenbohl zu Gast zu sein, die Messe gemeinsam mit Schwestern aller Hautfarben feiern zu dürfen und der Predigt eines Franziskanerpaters zu lauschen. Er versteht es ausgezeichnet, Elemente aus der Schöpfungsgeschichte des Alten Testaments mit dem Pfingstgeschehen und dem Geist Gottes, der zwischen Himmel und Erde waltet und alle Geschöpfe, die es wollen, von seinem Geist durchdringen lässt, zu verknüpfen. Nie vorher ist mir eine Auslegung des Geistes Gottes so klar und einleuchtend erschienen! Liegt es daran, dass ich bereits so gut erholt bin? Dass ich von den drei Phasen, die jeder Pilger auf seiner Pilgerreise durchlebt, die körperliche und seelische bereits bewältigt habe, dass Körper und Seele schon im Gleichklang schwingen, sodass ich Raum und Zeit neu erleben kann und das dritte Stadium der Pilgerreise erreiche, die geistige Phase?

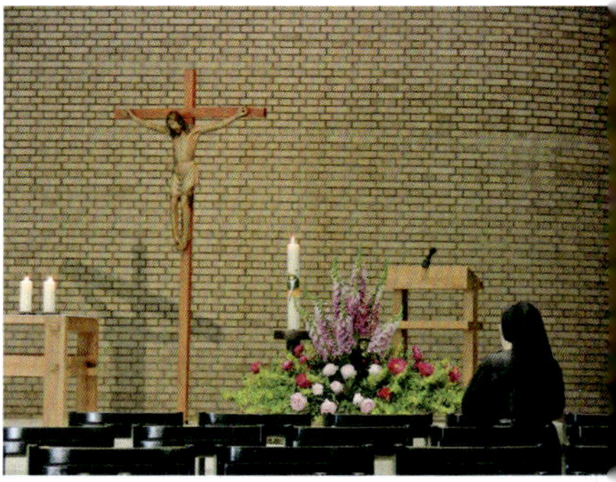

In der Klosterkirche Ingenbohl

Sie macht uns aufnahmefähiger für alles, was dieser Weg für uns bereithält. Zunächst nehmen wir die Dinge um uns herum stärker wahr: die wunderschöne Landschaft, die Kunst und Kultur am Pilgerweg, die Menschen. Wir lernen, besser zu sehen, tiefer zu schauen. Und wir finden zu uns selbst. Sind wieder mit uns im Reinen. Sind offen und neugierig. Unser Geist beginnt, mehr Anregungen von außen aufzunehmen, wird schöpferischer.

Und plötzlich passieren sie dann, die kleinen Wunder, von denen wir immer wieder auf dem Jakobsweg hören: Da taucht unvermittelt eine Idee aus dem Unterbewusstsein auf, wie wir etwas in unserem Leben verbessern können, ein Problem lösen, etwas verändern. Eine Idee, manchmal so naheliegend, dass wir uns fragen: Warum bin ich nicht schon viel früher darauf gekommen? Vielleicht, weil Wunder es erfordern, dass wir sie zulassen, dass wir offen für sie sind?

Und warum empfinden wir gerade Begegnungen auf dem Jakobsweg oftmals als so bereichernd? Vielleicht weil wir unseren Mitpilgern gegenüber offener sind, neugieriger, weil wir bereit sind, ihnen zuzuhören, von ihnen etwas anzunehmen?

Warum finden wir es plötzlich spannend zu erfahren, was die Pilger früher dachten oder fühlten? Liegt es daran, dass wir bereit sind, den Weg auf uns wirken zu lassen?

Und dass er sich uns mitteilt? Dass ihn eine ganz spezielle Aura umgibt, ein Konglomerat von Gedanken und Gefühlen, die durch Nachdenken, Gebete und Meditationen der vielen »Geher« entstanden sind? Dass der Jakobsweg mit all dem bereits Gedachten, der Spiritualität, den Lösungsansätzen und Lebensweisheiten »gepflastert« ist, greifbar für alle Pilger, die danach suchen? Sodass jeder Mensch das finden kann, was für ihn hilfreich ist, und Anregungen für sein ganz persönliches Leben mitnimmt?

Warum empfinden wir die Kirchen am Wegrand als so meditativ und die Architektur so anregend? Weil ein Pilger, der nach stundenlanger Wanderung eine Kirchentür öffnet und in die Stille eintritt, schlagartig ein Gefühl der Geborgenheit erlebt? Ein völlig anderes Gefühl, als wenn man aus dem Auto aussteigt, um eine Kirche zu besichtigen.

Wenn wir diesen angenehmen Zustand erreicht haben, dass Körper, Seele und Geist eine Einheit bilden, sind wir normalerweise schon länger unterwegs. Meist ist das Ziel des Pilgerwegs dann nicht mehr weit. Wir bereiten uns auf die Ankunft vor, auf das Abschiednehmen von liebgewonnenen Mitpilgern und vom Weg und darauf, wie es nach unserer Pilgerreise weitergeht in unserem Leben. Wie wir unsere Erlebnisse in Erkenntnisse umwandeln können. Und wie wir diese Erkenntnisse des Pilgerwegs auch auf unserem Lebensweg anwenden können.

Nehmen wir das Zusammengehörigkeitsgefühl und die Freude, die wir auf dem Pilgerweg haben, mit zurück in unseren Alltag; seien wir so mutig, unserer inneren Stimme zu vertrauen und danach zu handeln; öffnen wir uns, nicht nur nach innen, sondern auch nach außen; senden wir positive Signale aus und versuchen, Vorbilder zu werden; setzen wir gemeinsam eine Welle der Liebe in Bewegung! Dann hat sich der Pilgerweg, der ja auch ein Symbol für den Lebensweg ist, wahrlich gelohnt.

»Amen« … Die Predigt des Paters ist zu Ende – meine Gedanken haben sich doch verselbstständigt, sind zum Pilgerweg abgedriftet. Oder etwa nicht? Haben sich diese Antworten ganz einfach aus dem

Zuhören, Zulassen ergeben? Wessen Geist mag es gewesen sein, der mich inspiriert hat? War es Zufall, am Pfingstmontag in Ingenbohl zu sein und diese Predigt zu hören? Zufälle, wie sie am Jakobsweg so häufig passieren … Gibt es überhaupt Zufälle?

Wegbeschreibung: Fünfte bzw. sechste Etappe

Der letzte Tag unserer Wanderung auf dem Schweizer Jakobsweg zum Vierwaldstättersee führt uns durch das Alpthal und über die Haggenegg nach Schwyz und weiter nach Brunnen. Er schenkt uns den Hauch einer alpinen Wegstrecke.

Wir starten die heutige Etappe auf dem Vorplatz der **Klosterkirche**. Die Schilder der Via Jacobi weisen in den Fußweg links oberhalb des kleinen Parks und wir erreichen über die Ilgenweidstrasse die Luegetenstrasse, die aus dem Klosterbereich hinausführt. Hinter einem Sägewerk biegen wir scharf rechts in die Langrütistrasse, wenige Meter danach links in die Allmeindstrasse und an der Josefskapelle vorbei bis zum Fluss Alp. Hinter der Brücke nehmen wir den Weg nach links, er wird uns durch das Tal zum **Kloster in der Au** führen.

Nach dem Besuch der Klosterkirche setzen wir unseren bisherigen Weg durchs Moos nach **Trachslau** fort. Wir folgen dem Uferweg des Flüsschens Alp bis zu den Häusern von **Eigen**. Dort biegen wir nach rechts auf die Fahrstraße, wechseln nach ca. einem Kilometer – bei der nächsten Brücke – auf die gegenüberliegende Seite der Alp und wandern auf dem fußfreundlichen Uferweg nach **Alpthal** hinein. Im Zentrum stoßen wir auf die der heiligen Apollonia geweihte Pfarrkirche, ein Gasthaus und das hübsche Schulhaus im spätklassizistischen Stil, die Fassade reich verziert mit Sinnsprüchen und den Wappen aller

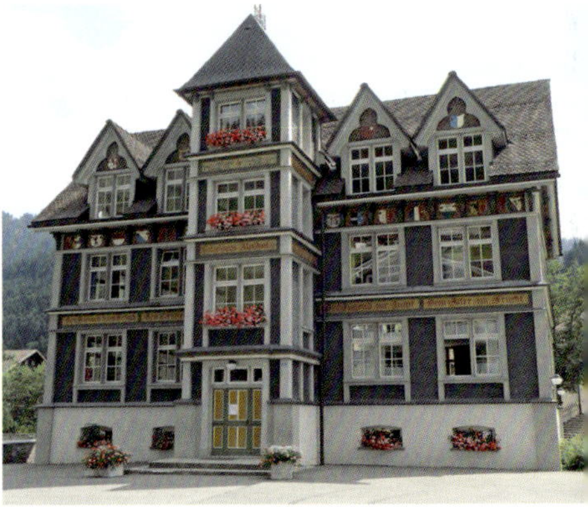

Das Schulhaus mit Sinnsprüchen und Wappen in Alpthal

Kantone. Bei einer Rast im Gasthausgarten gegenüber können wir es uns genauer anschauen, bevor wir uns gestärkt an den anstrengenden Aufstieg zur Haggenegg wagen.

Wir folgen zunächst der Dorfstrasse 500 Meter taleinwärts, bis der **Haggeneggweg** bei einer kleinen bergseitig gelegenen Siedlung nach rechts aufwärts führt. Schon von Weitem zeigt eine große Muschel an einem Haus an, dass hier Pilger übernachten können. Der etwa vier Kilometer lange Aufstieg zum Pass führt teilweise sehr steil, aber auch abwechslungsreich durch den Wald und über Almen. Am **Bruustchappeli** lässt die Steilheit ein wenig nach und in einem Gruebi können wir nochmals rasten, bevor wir, immer eingerahmt vom geheimnisvollen Bergmassiv der Mythen, die letzten Höhenmeter hinauf zum Berggasthaus **Haggenegg** auf der Passhöhe überwinden. Bei gutem Wetter werden wir durch eine herrliche Aussicht auf die Berge und den Vierwaldstättersee belohnt.

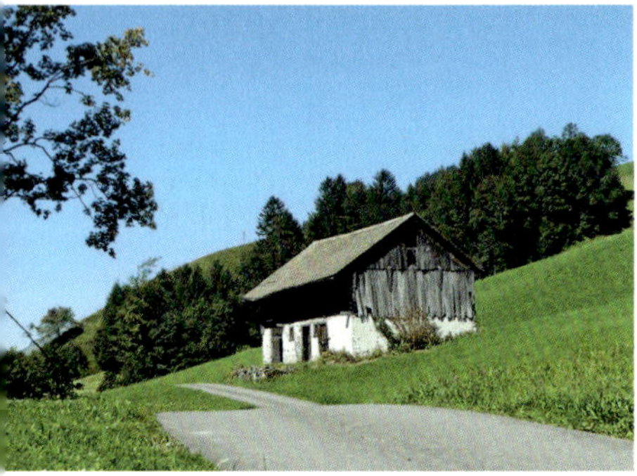

Unterwegs von Haggenegg nach Schwyz

Nach ausgiebiger Rast oder nach einer Übernachtung an diesem exponierten Aussichtspunkt steht uns ein langer Abstieg bevor. Durch eine ursprüngliche, voralpine Landschaft steigen wir steil und in vielen Kehren fast 1000 Meter bergab, an den Fuß der Mythen. Vor allem für unsere Knie ist es eine Wohltat, als wir, am Kollegium **Schwyz** vorbei, den Mittelpunkt der Urschweiz und Hauptort des gleichnamigen Kantons erreichen.

Ein Dorfrundgang durch die historischen Gassen von Schwyz ist empfehlenswert. Der eindrucksvolle Hauptplatz, die mächtige barocke Kirche, das Rathaus mit seinen eindrucksvollen Fassadenbildern und nicht zuletzt das Bundesbriefmuseum, in dem viele Dokumente aus der Schweizer Geschichte, zwischen Mythos und Wahrheit, aufbewahrt werden – all dies zusammen spiegelt das besondere Selbstbewusstsein der Eidgenossen wider, das die Mentalität der Schweizer entscheidend mitgeprägt hat. Uns hilft dieser kleine Rundgang durch

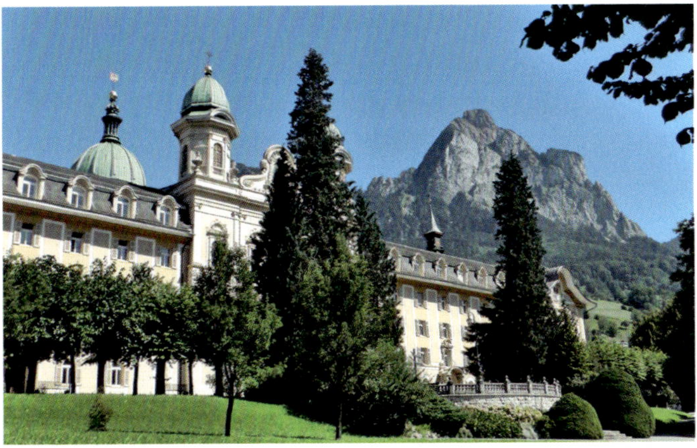

Kantonsschule Kollegium in Schwyz

die Schweizer Geschichte, einige bis heute spürbaren Besonderheiten besser zu verstehen.

Wir verlassen den Ort über die Schmiedgasse, wandern an der Kapelle zur schmerzhaften Muttergottes vorbei bis zum großen Einkaufscenter. Dort zweigen wir nach links ab in den Stägliweg, der uns über einen kleinen Steg zur wunderschönen Fünffranzenkapelle in **Ibach** bringt. Unsere Nachfrage, warum sie denn gleich fünf »Franzen« geweiht ist – Franz von Assisi, Franz von Sales, Franz von Paula, Franz Xaver und Franz Borja –, beantwortet ein netter Anwohner mit »sicher ist sicher« – der kleine Bach daneben führte früher manchmal enormes Hochwasser und richtete entsprechende Schäden an. Mit den Mythen im Hintergrund ist diese Kapelle zu einem bekannten Fotomotiv geworden, auch für den Jakobsweg.

Der Weiterweg leitet wieder auf die Hauptstraße zurück. Hinter der Brücke über die Muota gehen wir geradeaus in den Feldweg, der uns durch Wiesen und Felder, an schönen Bauernhöfen und einem weiteren »**Zahnwehchappeli**« vorbei, nach **Unterschönenbuch** mit seiner stattlichen Wendelinskapelle hinaufführt. An einem großen staubenden Steinbruch vorbei biegen wir nach links auf einen atmungs- und fußfreundlicheren Weg ab, der hinauf zum **Kloster Ingenbohl** führt, das mit seiner markanten Kirche und dem Theresianum auf einem

Hügel thront. Hier trennen uns nur noch wenige Meter von Brunnen. Am Bach entlang erreichen wir das Zentrum mit der Bundeskapelle und der nahen Schiffsanlegestelle.

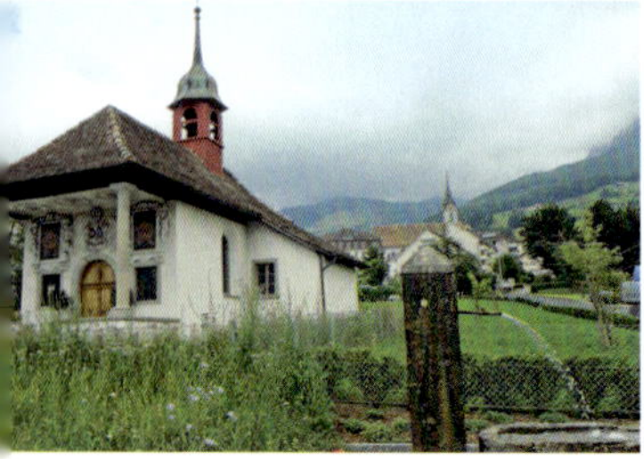

Kapelle zur Schmerzhaften Muttergottes

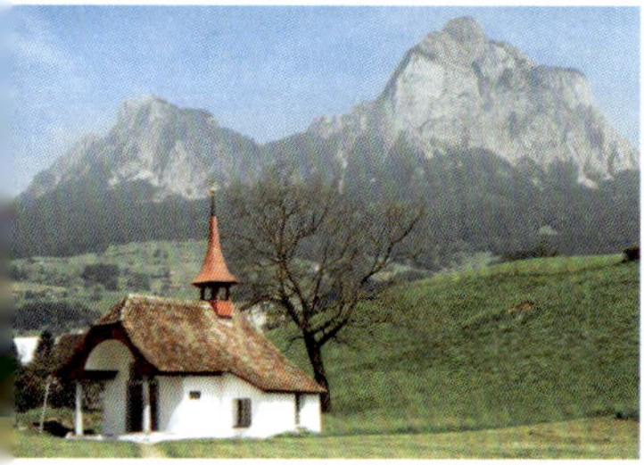

Fünffranzenkapelle, Ibach

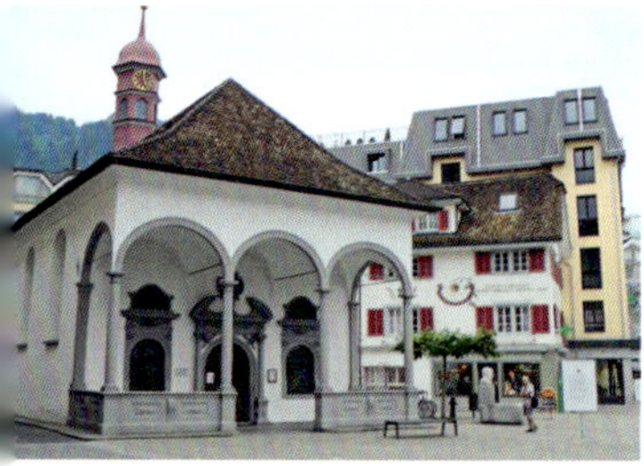

Bundeskapelle Brunnen

In **Brunnen**, das wohl ein beliebter Treffpunkt der alten Eidgenossen war, sollen nach der Schlacht am Morgarten der Legende nach im Dezember 1315 die drei Urkantone Uri, Schwyz und Unterwalden ihren Treueschwur von 1291 erneuert haben. In Erinnerung daran wird die 1635 eingeweihte Dreifaltigkeitskapelle auch »Bundeskapelle« genannt. Die farbenfrohen Glasfenster zeigen die Schlacht am Morgarten und die Erneuerung des Bundes.

Wir beenden unsere Wanderung auf dem Schweizer Jakobsweg im Herzen der Schweiz, am **Vierwaldstättersee**. Seinen Namen hat der See von den vier Kantonen, die ihn umgeben: Uri, Schwyz, Unterwalden und Luzern, die früher »Waldstätte« hießen. Am See entlang oder über den See führten schon im Mittelalter die Pilgerwege nach Rom oder Santiago de Compostela. Eine aussichtsreiche Straße entlang des Ostufers verbindet heute die beiden Urkantone Schwyz und Uri miteinander. Der See ist von Bergen eingerahmt, vom Rigi- oder Pilatusmassiv aus lässt sich die atemberaubende Bergwelt der Schweizer Alpen genießen. Entsprechend stark ist Brunnen heute auf Tourismus eingestellt.

Wir nutzen die gute Erschließung dieser Region durch Schiffe und Bergbahnen, um vom Pilatus aus diese großartige Landschaft nochmals in uns aufzunehmen und die hinter uns liegende Strecke aus der »Vogelperspektive« zu betrachten.

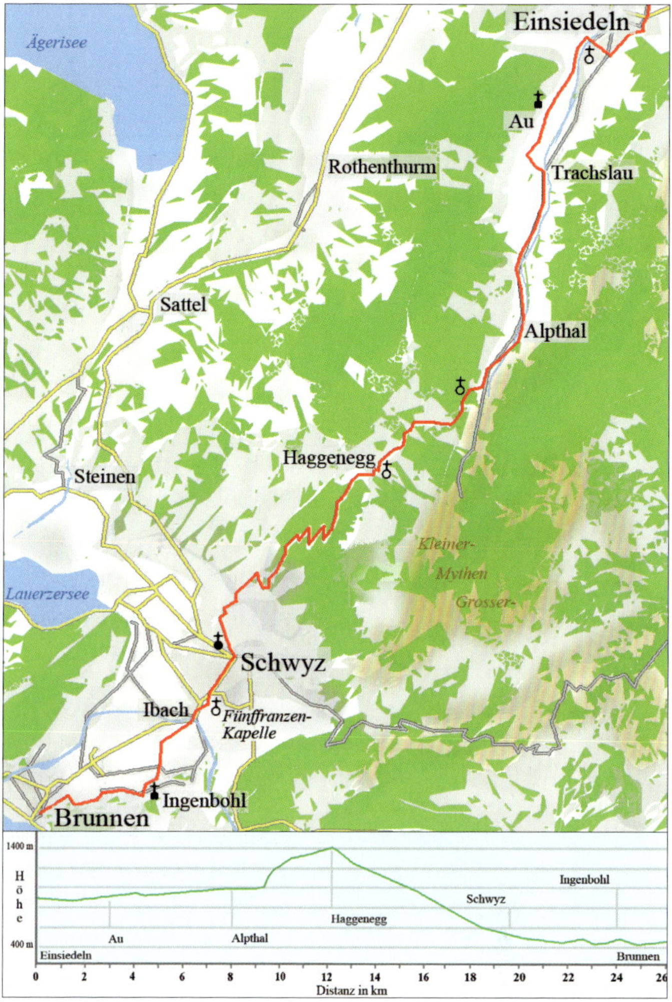

Weglänge: ca. 26 km
Übernachtungsmöglichkeiten: Alpthal, Haggenegg, Schwyz, Kloster Ingenbohl, Brunnen

http://www.hanna-jakobsweg.de/sjw/t01/e01.htm

IM BANNKREIS DES PILATUS

Eine der eindrucksvollsten Bibelstellen beschreibt das Geschehen in Jerusalem nach der Festnahme von Jesus. Als Pilatus Jesus fragte, ob er der König der Juden sei, antwortete dieser: »Du sagst es!« Pilatus konnte keine Schuld an Jesus finden und wandte sich deshalb an das Volk mit der Frage, ob er den König der Juden freilassen solle. Die Menschen aber forderten lautstark die Freilassung des Mörders Barabbas und Pilatus fragte sie, was er denn mit Jesus machen solle. Da schrien sie: »Kreuzige ihn!« Woraufhin Pilatus Jesus zum Tod am Kreuz verurteilte (siehe Markus 15,1-15).

Welcher Christ kennt sie nicht, die Passionsgeschichte, in der die Person des Pontius Pilatus ins Zentrum der christlich-abendländischen Kultur rückt. Aber wie kommt der Leichnam vom Statthalter Roms in Jerusalem auf den Berg Pilatus in der Schweiz? Wieder einmal weiß es die »Legenda aurea«.

Als Pilatus angeklagt werden sollte, weil er Jesus zum Tode verurteilt hatte, soll er sich selbst mit dem Messer getötet haben. Man band seine Leiche an einen großen Mühlstein und warf sie in den Tiber. Doch der Fluss trat sofort über die Ufer und die Überschwemmung drohte

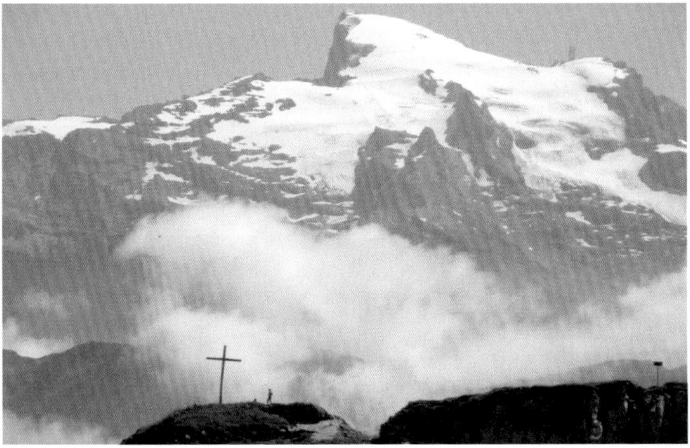

Blick vom Pilatus zum Titlis

Rom zu verwüsten. Deshalb zogen die Römer den Leichnam wieder aus dem Wasser und warfen ihn in die Rhone – doch auch hier trieben die bösen Geister das gleiche Spiel. Schließlich brachte man Pilatus auf einen zerklüfteten Berg bei Luzern, den »Mons fractus«, und versenkte ihn in einem kleinen, versteckten Moorsee; dort konnte er endlich beschwichtigt werden mit dem Versprechen, dass niemand Steine in den See werfen oder seinen Namen nennen würde. Nur an den Karfreitagen stieg der römische Statthalter aus seinem nassen Grab und nahm auf einem Sessel mitten im See Platz, bekleidet wie ein Fürst mit einem purpurnen Richtergewand. Regelmäßig erstieg der Geist im weißen Hemd den Berg und kauerte auf einer Felsplatte hoch über dem Moor. Die Platte wackelte danach noch viele Jahre. Deswegen nannte man den Gipfel Gnepf- oder Gnappstein. »Gnappen« meint »wackeln«.

Das also erzählt Jacobus de Voragine über den Tod von Pilatus und seinen Leichnam. Es ist allerdings nicht die einzige Geschichte, es gibt unzählige Sagen über seinen Geburtsort und sein Leben. Kein Wunder bei dieser umstrittenen und zwiespältigen Person.

Über Pilatus gibt es ja bis heute verschiedene Meinungen: Für die einen ist er ein korrupter Mensch, der Jesus für Geld verraten hat, für die anderen einer, der nur den Willen Gottes ausführte. Vielleicht war

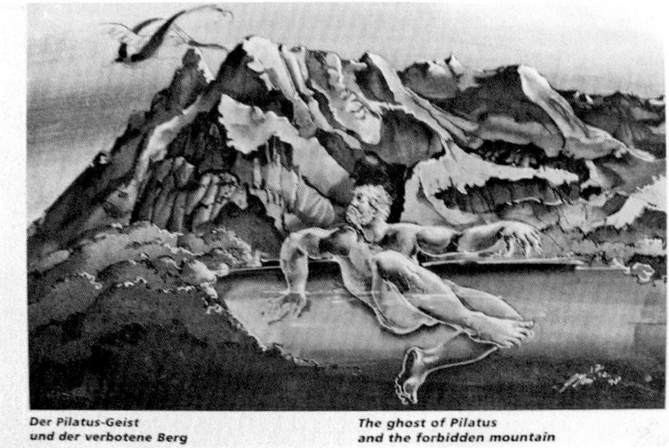

Tafel mit Pilatuslegende

es ja Schicksal oder der Preis für seine Tat, dass er in den Köpfen der Menschen bis heute als »böser Geist« herumspukt und nicht wirklich zur Ruhe kommt.

Der Wackelstein wird auch mit einem keltischen Bergkult in Verbindung gebracht. Ein Blitz soll die Steintafel gespalten und in den Abgrund gestürzt haben. Nach der Christianisierung hatte man etwas gegen heidnische Bräuche und brachte die Pilatussage mit dem Pilatusberg in Verbindung, um die Stätte zu einem streng zu meidenden Ort zu machen. Auch weil der Pilatus wegen tückischer Unwetter und Wasserstürzen entsprechend berüchtigt war. Die Luzerner glaubten stark an die Sage, das Besteigen des Berges und der Besuch des Pilatussees wurden verboten. Erst als See und Sümpfe ringsum langsam verlandeten, hob man das Verbot auf. An den Hängen des alleinstehenden Berges sammeln sich auch heute noch gerne Wolken. Von jeher spielte der Pilatus deshalb als Wetterprophet eine Rolle:

Hat der Pilatus einen Hut,
bleibt im Land das Wetter gut.
Hat er einen Nebelkragen,
darf man eine Tour wohl wagen.
Trägt er aber einen Degen,
bringt er uns gewiss bald Regen.

Heutzutage gehört der Besuch des zerklüfteten Berges zu den Höhepunkten eines Aufenthalts rings um den Vierwaldstättersee. Schon die Fahrt mit der »steilsten Zahnradbahn der Welt« (bis zu 48 %) von Alpnachstad aus ist abenteuerlich und faszinierend. Oben angekommen, scheint der Berg beweisen zu wollen, dass er etwas ganz Besonderes ist: Obwohl im Tal strahlender Hochsommer herrscht, breiten sich hier oben immer wieder urplötzlich von Westen her weiße Nebelwände aus, rasen mit hoher Geschwindigkeit über den Himmel. Kurz danach blauer Himmel, wunderbare Sicht, dann beginnt das Spiel von vorne: Dunst, Nebel, dichte Wolken, Sonne – die Sicht auf Berge, Wegkapellen oder einsame Häuser tief unter uns ist gespenstisch und herrlich zugleich. Unterwegs auf dem Höhenweg schaut man direkt in die nahen Felswände, darunter Wiesenmulden mit kleinen Tümpeln oder

Moorweihern, ab und zu von einem plötzlichen Sonnenstrahl spotartig beleuchtet – jeder dieser Tümpel könnte der Pilatussee sein. Aber nein, die Oberalp ist weiter entfernt, wir wagen uns bei diesem Wetter nicht so weit hinab. Aber wie die Legende vom Pilatussee entstanden ist, können wir uns nun gut vorstellen.
Als gegen Abend der Himmel nochmals kräftig aufreißt und die Sonne ihr warmes Licht auf den Vierwaldstättersee und die Berge wirft, sitzen wir lange sinnierend auf dem »Esel«, einem der Gipfel des Pilatusmassivs, und genießen den Blick auf die zurückgelegte Pilgerstrecke, aber auch den Blick nach vorne, wo sich der Pilgerweg immer weiter dem Westen zuneigt und sich in der Ferne verliert. Vom Vierwaldstättersee aus kann man über Flüeli-Ranft nach Sachseln am Sarnersee und zum Lungerersee gelangen und über den Brünigpass ins Berner Oberland, zum Brienzer- und Thunersee weiterlaufen. Von Thun aus führt der Jakobsweg ins Freiburger Mittelland und damit in die französische Schweiz. Über Moudon und durch das Waadtland bringt er die Pilger nach Lausanne und Genf und bis zur französischen Grenze. Von dort aus sind es nur noch 1850 Kilometer nach Santiago de Compostela. Unsere Freude darüber, hier oben am Pilatus das erste Teilstück des Schweizer Jakobswegs gesund abschließen zu können, ist groß, noch größer allerdings ist die Vorfreude auf ein baldiges Weiterwandern.

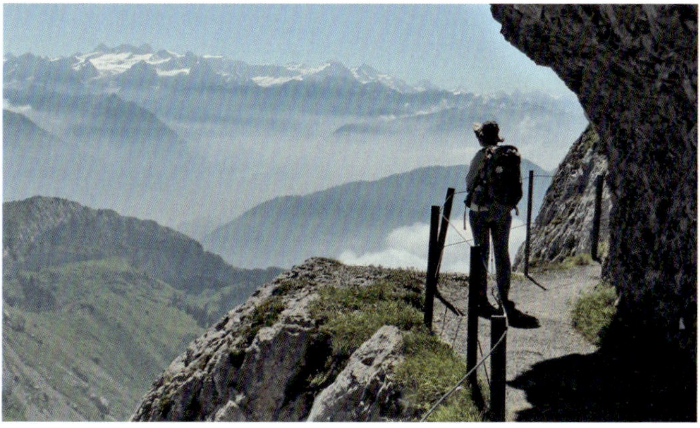

Höhenweg des Pilatus – Blick auf den Weiterweg

LITERATUR

Batz, Gerhard: Das Pilatus-Puzzle. Bestandsaufnahme und Hintergründe einer europäischen Sage in Franken. Erlangen 2003
Benz, Richard (Übersetzung aus dem Lateinischen): Die Legenda Aurea des Jacobus de Voragine. Gütersloh 1955
Betz, Jutta: Fischingen: Benediktinerabtei. Passau 2007
Blum, Jolanda: Jakobswege durch die Schweiz, Thun 1998
Büchler, Hans: Das Toggenburg. Sulgen 1993
Camartin, Iso: Die Schweiz. Portrait meines Landes. München 2008
Charpentier, Louis: Magisch reisen: Der Pilgerweg nach Compostela. Olten 1993
Fisher, Teresa: Schweiz. Hamburg 2012
Günther, Brigitte: Appenzellerland. Kempten 2008
Hamp, Vinzenz; Stenzel, Meinrad; Kürzinger, Josef (Übersetzung): Die Heilige Schrift. Familienbibel. Bonn 1966
Hanna, Monika: Zurück vom Jakobsweg. München 2008
Hanna, Monika: Der Münchner Jakobsweg. München 2011
Herbers, Klaus; Plötz, Robert: Die Strass zu Sankt Jakob. Osterfildern 2004
Herbers, Klaus; Plötz, Robert: Nach Santiago zogen sie. München 1996
Holzherr, Georg: Die Stiftskirche Einsiedeln. Regensburg 2011
Mathis, Hans Peter: Die Kapelle St. Margaretha in St. Margarethen TG. Bern 1988
Moser, Eva: Bodensee. Köln 2002
Neuenschwander, Eva Meret; Schneider, Jürg: Schweiz mit Liechtenstein. Hamburg 2012
Reinhardt, Volker: Die Geschichte der Schweiz. Von den Anfängen bis heute. München 2011
Schaufelberger, Otto: Das Zürcher Oberland. Bern 1969
Schindler, Herbert: Am Bodensee. München 1997
Schubiger, Benno: St. Gallenkappel SG. Basel 1980
Schwyzer Hefte: Die Haggenegg. Kulturkommission Kanton Schwyz 2012
Steinegger, Hans: Pfarrkirche St. Martin – Schwyz. Pfarrei St. Martin Schwyz 2008

Tiefenthaler, Helmut: Wege in die Vergangenheit im Alpenrheintal. Innsbruck 2007
Tiefenthaler, Helmut: Der Pilgerweg Bregenz – Einsiedeln. Studie zum Routenverlauf. Bregenz 2005
Weinreb, Friedrich: Vom Geheimnis der mystischen Rose. Weiler 1983
Witschi, Peter: Wandern auf dem Jakobsweg. Herisau 1998
Zollinger, Jakob: Zürcher Oberländer Urlandschaft. Witzikon 1983
Zürcher, Richard: Reisen durch die Schweiz. Passau 1971

DANK

Ein herzliches »Dankeschön« gebührt meinem Mann, der meine Begeisterung für dieses schöne Land teilte und der vor allem auch die Karten für das Buch sowie alle QR-Codes und GPS-Tracks erstellte, sodass sich Pilger mit aktuellen Informationen aus dem Internet versorgen können. Auch unserem Pilgerfreund Dr. Helmut Tiefenthaler aus Bregenz gilt mein besonderer Dank. Er machte uns auf den alten Vorarlberger Pilgerweg aufmerksam und stellte uns eine Beschreibung des Weges sowie Kartenmaterial zur Verfügung, die bei der Wegfindung sehr hilfreich waren.

REGISTER